Von Gut und Böse

C. G. Jung

Von Gut und Böse

Weisheiten und Einsichten

Ausgewählt von Franz Alt

EDITION C. G. JUNG

VERLAGSGRUPPE PATMOS

PATMOS
ESCHBACH
GRÜNEWALD
THORBECKE
SCHWABEN
VER SACRUM

Die Verlagsgruppe
mit Sinn für das Leben

MIX
Papier | Fördert gute Waldnutzung
FSC® C014496
FSC www.fsc.org

Klimaneutral
Druckprodukt
ClimatePartner.com/14549-2003-1001

Die Verlagsgruppe Patmos ist sich ihrer Verantwortung gegenüber unserer Umwelt bewusst. Wir folgen dem Prinzip der Nachhaltigkeit und streben den Einklang von wirtschaftlicher Entwicklung, sozialer Sicherheit und Erhaltung unserer natürlichen Lebensgrundlagen an. Näheres zur Nachhaltigkeitsstrategie der Verlagsgruppe Patmos auf unserer Website www.verlagsgruppe-patmos.de/nachhaltig-gut-leben

Bibliografische Information der Deutschen Nationalbibliothek
Die Deutsche Nationalbibliothek verzeichnet diese Publikation in der Deutschen Nationalbibliografie; detaillierte bibliografische Daten sind im Internet über http://dnb.d-nb.de abrufbar.

Verlagsgruppe Patmos in der Schwabenverlag AG, Ostfildern
www.verlagsgruppe-patmos.de
Neuausgabe des 2002 im Walter Verlag, Düsseldorf und Zürich, erschienenen gleichnamigen Titels.
Die Texte wurden auf die reformierte neue deutsche Rechtschreibung umgestellt.
Umschlaggestaltung: Finken & Bumiller, Stuttgart
Umschlagabbildung: Patientenbild von C. G. Jung, ohne Titel, 1928, Gouache auf Papier, 44 × 30,5 cm, Bildarchiv C. G. Jung-Institut Zürich, Küsnacht, 009 AIBE. © C. G. Jung-Institut Zürich, Küsnacht.
Foto: Ulrich Peters.

Gestaltung, Satz und Repro: Schwabenverlag AG, Ostfildern
Druck: GGP Media GmbH, Pößneck
Hergestellt in Deutschland
ISBN 978-3-8436-1527-3
EDITION C. G. JUNG im Patmos Verlag

Inhalt

DIE MÄCHTE DES BÖSEN SIND GEFÄHRLICH NAHE

Vorwort
Selbsterkenntnis über C. G. Jung

Mich überrascht, mit wie viel Unwissenheit Carl Gustav Jung häufig vorgeworfen wird, er verharmlose das Böse. Die Textauswahl „Von Gut und Böse“ soll mithelfen, diesen vor allem von Theologen geäußerten Vorwurf zu widerlegen. Das würde zugleich – und vor allem – ein Stück praktischer Lebenshilfe für Leserinnen und Leser bedeuten. Meine eigene Erfahrung ist: In Lebenskrisen lindern das traditionelle Christentum und die überlieferte Theologie manchmal meine Ängste, aber wirklich heilsam ist erst die Tiefenpsychologie. Würde sie ein zentrales Problem unseres Lebens wie die Existenz des Bösen ausklammern, so wären Hilfe, wirkliche Heilung und Wandlung durch die Jung'sche Therapie tatsächlich unmöglich.

1957 schrieb C. G. Jung an einen englischen Geistlichen: „Natürlich bin ich nicht imstande – niemand ist es – zu definieren, was das Böse an sich sei“ (Briefe III, S. 103). Wenn es um Gut und Böse geht, ist Jung bescheidener als die meisten Theologen, die seit Jahrhunderten schamlos laut vorgeben zu wissen, was gut und böse, Himmel und Hölle, Sünde und Moral sei. Diese Moralisiererei ist einer der wesentlichen Gründe der aktuellen Krise der christlichen Kirchen. Denn der wunderbare junge Mann aus Nazaret brachte eine Frohbotschaft und keine Drohbotschaft.

Im erwähnten Brief schreibt Jung auch: „So verstehe ich unter ‚Sünde' einen Verstoß gegen unseren Moralkodex, unter dem ‚Bösen' den schwarzen, ewig wirkenden Feind in der menschlichen Natur und unter ‚Sündenfall' den Ungehorsam des Urmenschen gegenüber Gottes Gebot und sein Abweichen vom Gesetz. Diese Begriffe bezeichnen einfache und erkennbare psychische Situationen, die sich in jedem Menschenleben ständig wiederholen. ‚Sündenfall' z. B. entspricht der Erfahrung, dass jeder Mensch seit allem Anfang vom vorgeschriebenen Weg abweicht. Immer wieder führen mich böse Kräfte in Versuchung, und ich bin sogar von ihnen besessen (wie Paulus); Sünde mischt sich nolens volens in mein tägliches Brot. Das kommt übrigens allerorten und in allen erdenklichen Formen zum Ausdruck."

Das Böse – als Polarität zum Guten, nicht nur als Mangel an Gutem – ist für C. G. Jung eine Realität. Er zeigt uns einen realistischen dritten Weg aus unseren heutigen spalterischen gesellschaftlichen Bipolaritäten, der auch ein Ausweg aus unserer privaten und politischen Sackgasse sein kann: Jede und jeder kann durch mehr Selbsterkenntnis über das Gute und das Böse in sich ihren oder seinen Teil zur Rettung der Welt beitragen. „Die Bewusstwerdung ist tatsächlich eine Versöhnung von Gegensätzen und bildet damit ein höheres Drittes", schreibt Jung in einem anderen Brief (Briefe II, S. 491).

In jedem Guten steckt auch der Keim des Bösen und in jedem Bösen auch der Keim des Guten. Jede Krise hat auch ihre Chance. Das ist C. G. Jungs unendlich wichtige Botschaft am Ende des Atomzeitalters.

Zu keiner Zeit war die Möglichkeit der bewussten Teilhabe des einzelnen Menschen am großen Ganzen der Menschheit so groß wie heute. Das hat zum Beispiel Greta Thunberg sehr eindrücklich bewiesen. Voraussetzung für den Übergang vom Atomzeitalter in ein neues Zeitalter der Ökologie wäre das realistische Erkennen des Bösen und des Guten in uns. Dabei ist Carl Gustav Jung ein wichtiger Helfer – ein Helfer zu mehr Selbsterkenntnis und Bewusstwerdung. Der Beginn einer solchen Erkenntnis können Sätze sein wie dieser: „Jetzt stellen wir uns alle mal vor, der andere könnte vielleicht auch recht haben." Gesagt hat ihn der CDU-Politiker Volker Bouffier, als er seine erfolgreiche schwarz-grüne Koalition in Hessen gründete. Zuvor waren sich die Grünen und die Schwarzen in Hessen überhaupt nicht „grün".

In Zeiten von Kriegen in vielen Gebieten der Welt, wie wir sie heute erleben, ist charakteristisch, dass wir mit einer schamlosen Naivität über die „Gegner" – viele sagen auch „Feinde" – urteilen. „Wir" und die „anderen" stehen sich gegenüber. Alles, was anders ist, ist uns auch heute noch oft fremd, wir stempeln es als falsch und damit böse ab, schrieb C. G. Jung in einem Aufsatz über die Träume. Dabei fällt es leicht, die eigenen Fehler auszublenden und in ein Schwarz-Weiß-Denken zu verfallen: Man wirft dem Gegner einfach die eigenen, nicht eingestandenen Fehler vor, während „wir" natürlich die „Guten" sind. Kriegszeiten sind Hochzeiten des Schwarz-Weiß-Denkens. Und weil wir unsere Angst noch immer dadurch bearbeiten wollen, dass wir dem „anderen" immer mehr Angst machen, setzen wir auf Wettrüsten bis zur Gefahr eines Atomkriegs und verdrängen den „Feind in uns“ nur allzu gerne. Unsere nicht eingestandenen eigenen Fehler sind ein Teil des aktuellen Problems. Das haben Realpolitiker wie Helmut Kohl, Helmut Schmidt, Michail Gorbatschow und Henry Kissinger so gesehen und kritisiert. Die Fehler, die wir glasklar beim „anderen“ erkennen, weisen oft auf unsere eigenen Defizite hin. Die Hinweise darauf finden wir in fast jeder Nachrichtensendung. Das ist die Psychologie jedes Krieges. Und diese Unbewusstheit ist die Ur-Sünde, das Böse schlechthin.

Diese Erkenntnis ist der Kern des vorliegenden C. G. Jung-Buches. Und zugleich ist es ein zentrales und aktuelles Problem unserer Zeit, in der gesellschaftliche Spaltungen und Bipolaritäten den Diskurs bestimmen. Die Exklusivität unserer eigenen Überzeugung, absolut und fundamentalistisch, ist die vielleicht größte und gefährlichste Krankheit unserer Tage. Das macht das vorliegende Buch sehr deutlich und zugleich verheutigt es die Gedanken C. G. Jungs. Bipolares Denken ist spalterisch und gefährlich für eine wirklich pluralistische, tolerante und demokratische Gesellschaft. Jung zeigt jedoch auch Heilungschancen auf. Unbestreitbar ist, dass es in der Welt unendlich viel Böses, aber auch unendlich viel Gutes gibt. Wichtig ist, dass wir lernfähig bleiben und nicht vergessen, unsere Welt in gleicher Weise von der anderen Seite her zu betrachten: nicht nur von außen, sondern auch von innen. Denn für C. G. Jung ist die Seele „die einzige Großmacht“, die er anerkennt und der er zutraut, diese Perspektive einzunehmen und ihn aus der Bipolarität in die Einheit zu führen und zu heilen.

Franz Alt im Herbst 2023

ÜBER DIE WIRKLICHKEIT VON GUT UND BÖSE

Himmel und Hölle
sind Schicksale der Seele.

GW 9/I, § 56

Gut und Böse sind Fakten

Ich bin allerdings davon überzeugt, dass das Böse ein ebenso feststehender Faktor ist wie das Gute. Ganz abgesehen von der alltäglichen Lebenserfahrung wäre es äußerst unlogisch zu meinen, man könne eine Eigenschaft ohne ihr Gegenteil postulieren. Wenn etwas gut ist, dann muss notwendigerweise auch etwas da sein, das böse oder schlecht ist. Die Feststellung, dass etwas gut ist, wäre nicht möglich, wenn man es nicht von etwas anderem unterscheiden könnte. Selbst wenn man sagt, dass etwas existiert, ist eine solche Feststellung nur neben der anderen Feststellung möglich, dass etwas nicht existiert. Wenn daher die Kirchendoktrin erklärt, dass das Böse nicht [...] oder dass es ein bloßer Schatten sei, dann ist das Gute ebenso illusorisch, da seine Postulierung sinnlos wäre. **GW 18/II, § 1592**

Die Wirklichkeit von Gut und Böse besteht in Dingen, Situationen, die einen anfallen, die einem über den Kopf hinauswachsen, wo man in einer Lage ist wie in conspectu mortis [im Angesicht des Todes], wo es auf Leben und Tod geht. Was in dieser Stärke und Intensität auf mich zukommt, das erlebe ich als etwas Numinoses, mag ich es dann als das Göttliche, das Teuflische oder als das Schicksalhafte bezeichnen. Etwas Stärkeres, Unüberwindliches ist da am Werk.

GW 10, § 871

Obschon Gut und Böse als moralische Werte unerschütterlich sind, so bedürfen sie doch einer gewissen psychologischen Revision. Vieles nämlich, was sich in seiner Auswirkung als abgrundtief böse erweist, stammt keineswegs aus einer entsprechenden Bosheit des Menschen, sondern aus Dummheit und Unbewusstheit. Darum kann auch das sogenannte Gute ganz ähnliche Folgen erzielen. Man denke an die zerrüttenden Wirkungen der Prohibition in Amerika oder an die hunderttausend Autodafés in Spanien, welche einem löblichen Seelenrettungseifer entstammten. Eine der stärksten Wurzeln alles Bösen ist die Unbewusstheit, und ich wünschte darum, dass das schon erwähnte Logion Jesu: „Mensch, wenn du weißt, was du tust, bist du selig, wenn du es nicht weißt, bist du verflucht und ein Übertreter des Gesetzes" noch im Evangelium stünde, auch wenn es nur einmalig beglaubigt ist. Ich möchte es gerne als ein Motto vor eine erneuerte Moral setzen. **GW 11, § 291**

Das Böse des Guten und das Gute des Bösen sind leider, leider! nicht auszuwischende Tatsachen. Die Psychologie ist daran so wenig schuld wie die Zoologie an den Läusen. Sie weiß bloß darum, und wer unbewusst bleiben will (und damit dem Teufel dient), der hasst und verdächtigt die Psychologie. Der regierende Fürst dieser Welt hasst das Licht der Erkenntnis wie die Pest. Wenn das Gute nicht sein Böses et vice versa hätte, so wäre der Gedanke, dass Gott sein armseliges Geschöpflein Mensch gar in Versuchung führen könnte, eine absurde Blasphemie. Denn dann wäre es ein Leichtes, sich stets für das Gute zu entscheiden.

Briefe II, S. 108 f.

Woher haben wir denn diesen Glauben, diese scheinbare Sicherheit, dass wir das Gute und Böse wüssten? „Eritis sicut Deus, scientes bonum et malum" [„Ihr werdet sein wie Gott und wissen, was gut und böse ist." 1 Mose 3,5]. Nur die Götter wissen es, wir nicht. Das ist auch psychologisch gesehen außerordentlich wahr. Wenn Sie sich so einstellen: „Das kann ganz schlimm sein – oder auch nicht", dann haben Sie eine Chance, das Richtige zu tun. Wenn Sie es aber schon von vornherein wissen, dann benehmen Sie sich, als ob Sie ein Gott wären. Wir sind aber alle nur beschränkte Menschen und wissen konkret gesehen im Grunde nicht, was in diesem Falle gut und was böse ist. Wir wissen es nur abstrakt. Eine konkrete Situation restlos zu durchschauen, ist Sache des lieben Gottes. Wir können uns wohl eine Meinung darüber bilden, ohne zu wissen, ob sie letztlich gültig ist. Wir können höchstens vorsichtig sagen: nach dem und dem Maßstab ist das und das gut oder böse. Etwas,

was inmitten unseres Volkes als böse erscheint, kann bei einem anderen Volk als gut betrachtet werden.

GW 10, § 862

Es ist heute wie zu allen Zeiten wichtig, dass der Mensch die Gefahr des Bösen, die in ihm lauert, nicht übersieht. Sie ist leider nur allzu wirklich, weshalb die Psychologie auf der Realität des Bösen bestehen und irgendeine Definition, welche das Böse als unbedeutend oder gar als nicht existierend auffassen will, abweisen muss. Die Psychologie ist eine Erfahrungswissenschaft, die es mit wirklichen Dingen zu tun hat.

GW 9/II, § 98

Wir werden auch auf dem höchsten Gipfel nie jenseits von Gut und Böse sein, und je mehr wir von der unentwirrbaren Verflechtung von Gut und Böse erfahren, desto unsicherer und verwirrter wird unser moralisches Urteil werden. Dabei wird es gar nichts nützen, das moralische Kriterium zum alten Eisen zu werfen und „neue Tafeln aufzurichten“ (nach bekannten Mustern); denn wie bisher wird sich auch in alle Zukunft hinaus getanes, beabsichtigtes und gedachtes Unrecht an unserer Seele rächen, unbekümmert darum, ob sich die Welt für uns umgedreht hat oder nicht.

GW 11, § 267

Es braucht zum Beispiel nur eine feste religiöse oder andere Überzeugung, um den Menschen unter Umständen rücksichtslos, grausam und borniert zu machen.

GW 3, § 158

Der wissenschaftliche Intellekt ist unmenschlich und kann es sich nicht leisten, anders zu sein; er kann nicht vermeiden, rücksichtslos zu sein, obschon die Absicht gut ist. GW 11, § 788

Wir nennen etwas gut oder böse, oben oder unten, rechts oder links, hell oder dunkel usw. Dabei ist die Thesis genauso [...] real wie die Antithesis. Daran ändert ein neuerlicher Vorschlag, das Böse als eine „Zersetzung" des Guten zu betrachten, ganz und gar nichts. Ein faules Ei ist leider genauso wirklich wie ein frisches. GW 11, § 457

Die Kirche hat die Lehre vom Teufel, eines bösen Prinzips, das man sich gerne als bocksbeinig, gehörnt und geschwänzt vorstellt, das Bild eines Halbtiermenschen und chthonischen Gottes, der einem dionysischen Mysterienverein entlaufen zu sein scheint, eines noch bestehenden Bekenners sündhaft-fröhlichen Heidentums. Dieses Bild ist trefflich und charakterisiert genau den grotesk-unheimlichen Aspekt des Unbewussten, dem man nicht beigekommen ist und das deshalb noch im ursprünglichen Zustand unbeherrschter Wildheit verharrt. Heute wird es wohl niemand mehr wagen zu behaupten, der europäische Mensch sei ein Lamm und von keinem Teufel besessen. Vor aller Augen liegen die furchtbaren Dokumente der Zeit, die an Umfang der Scheußlichkeit alles übertreffen, was frühere Zeiten mit unzulänglichen Mitteln zu erreichen hofften. **GW 16, § 388**

Der Teufel unserer Zeit ist etwas ganz Furchtbares! Wenn man unsere heutige Lage überblickt, so ist nicht abzusehen, was noch alles geschehen kann. Die Entwicklung wird zwangsläufig weitergehen. Alle Gotteskräfte, die in der Schöpfung sich finden, werden allmählich in die Hand des Menschen gelegt. Durch die Nuklearspaltung ist Ungeheures geschehen, Ungeheures dem Menschen in die Macht gegeben. Als Oppenheimer dem ersten Test einer Atombombe zusah, fielen ihm die Worte der „Bhagavadgita" ein: „... heller als tausend Sonnen". Die Kräfte, die die Welt zusammenhalten, geraten in die Hände der Menschen, sodass sie sogar auf die Idee einer künstlichen Sonne kommen. Es sind Gotteskräfte in unsere Hände gekommen, in unsere gebrechlichen Menschenhände. Das ist nicht zum Ausdenken. Es handelt sich dabei um Mächte, die nicht an sich böse sind. Aber in den Händen des Menschen sind sie eine furchtbare Gefahr, in den Händen des bösen Menschen. Und da soll das Böse in der für uns erlebbaren, vordergründigen, für uns realen Welt keine Wirklichkeit sein? Das Böse ist eine furchtbare Wirklichkeit! Und das ist es in jedem einzelnen Leben. Wenn man das *Prinzip* des Bösen als *wirklich* ansehen will, kann man ebenso gut sagen „Teufel". Mir persönlich fällt es schwer, die Idee der privatio boni [wonach das Böse ein vermindertes Gutes ist] noch als gültig zu betrachten. **GW 10, § 879**

Zum Problem des Bösen und der Macht ist mir immer aufgefallen, dass Macht von machen kommt; und da „machen" eine spezifische Lebenstätigkeit des Menschen ist, so kann man eventuell zum Schluss kommen, dass gerade die charakteristische menschliche Lebensäußerung den Charakter des Bösen trägt und dass mithin der Anthropos eigentlich Luzifer ist.

Briefe I, S. 436

Wir lassen uns so leicht verblenden durch die Wörter, die ganze Wirklichkeit ersetzen wir durch Wörter. Man redet zu mir über das Böse oder über das Gute und setzt voraus, ich wüsste, was das sei. Ich aber weiß es nicht. Wenn man vom Guten oder Bösen spricht, so ist es von dem, was ein Mensch gut oder böse nennt, was er als gut oder böse empfindet. Er spricht dann mit großer Sicherheit darüber, ohne zu wissen, ob das wirklich so ist und ob das, was er gut oder böse nennt, sich mit der Sache auch wirklich deckt. **GW 10, § 858a**

Die psychologische Erfahrung zeigt, dass allem, was wir „gut" nennen, ein ebenso substanzielles „Böses" oder „Übel" gegenübersteht. Wenn das „Böse" nicht existent ist, dann müsste alles, was ist, notgedrungenerweise „gut" sein. Nach dem Dogma kann weder das „Gute" noch das „Böse" im Menschen seinen Ursprung haben, da „der Böse", als einer der Söhne Gottes, vor dem Menschen war. **Briefe II, S. 522**

ÜBER DIE DUNKELHEIT GOTTES

In der Konfrontation
mit der Dunkelheit muss man sich
an das Gute klammern,
sonst verschlingt einen der Teufel.

Briefe II, S. 354

Gut und Böse als Gottesaspekte

Da es in dieser Welt unendlich viel Böses gibt und da das Böse das unerlässliche Gegenstück zum Guten in der Antithese gut–böse ist, würde die Annahme, Gott sei nur gut, den Gottesbegriff willkürlich einschränken und das Böse seiner realen Existenz berauben. Wenn Gott nur gut ist, ist alles gut. Nirgends gäbe es einen Schatten. Das Böse existierte nicht, sogar der Mensch wäre gut und könnte nichts Böses tun. Das ist ein weiteres Paradox, mit dem die Psychologie um unseretwillen aufzuräumen hat. **Briefe III, S. 270**

So ist die Auffassung der Theologie, Gott sei entweder gut oder böse, nicht gerechtfertigt. Er ist transzendental, genau wie das Selbst, und daher keiner menschlichen Logik unterworfen. **Briefe II, S. 262**

Wenn sogar Gottes schönster Engel, Luzifer, eine solche Sehnsucht nach Verderbnis hat, muss ein beträchtlicher Mangel an moralischen Qualitäten in ihm bestehen – wie in Jahwe, der eifervoll Moral heischt und selbst ungerecht ist. Kein Wunder, dass Seine Schöpfung vom Bösen gezeichnet ist. **Briefe II, S. 271**

Ich weiß, die Theologen sagen immer: Man darf die Größe, Majestät und Güte des Herrn nicht übersehen und man soll überhaupt keine Fragen stellen. Ich übersehe Gottes furchtbare Größe nicht, doch hielte ich mich für einen Feigling und für amoralisch, wenn ich mich abschrecken ließe, Fragen zu stellen.

Briefe II, S. 272

Ich möchte an Augustin die Frage richten: Wenn Gott so mächtig und so gut ist, dass er aus Bösem Gutes machen kann, woraus macht er dann das Böse?

Briefe III, S. 364

Wenn wir aufpassen, merken wir, dass das Gute und das Böse principia sind. „Prinzip“ kommt von „prius“, das, was „früher“, was „am Anfang“ ist. Das allerletzte denkbare principium ist Gott. „Principia“, aufs Letzte zurückgeführt, sind Gottesaspekte. Gut und Böse sind principia unseres ethischen *Urteils*, aber auf die letzte *ontische* Wurzel zurückgeführt, sind es „Anfänge“, Aspekte Gottes, Gottesnamen. **GW 10, § 864**

Man kann die Gottheit nicht mit menschlichen Attributen einfangen. Wo bleibt übrigens die Gottes*furcht*, wenn wir von Gott nur „Gutes", das heißt das, was uns als „gut" erscheint, erwarten können? Die ewige Verdammnis sieht doch nicht nach Güte, so wie wir sie verstehen, aus! **GW 11, § 291**

Ich hatte die stärksten Widerstände dagegen, mir Gott nach Analogie meines Ich vorzustellen. Das erschien mir, wenn nicht direkt blasphemisch, so doch von grenzenloser Anmaßung. „Ich" schien mir sowieso ein schwer fassbarer Tatbestand; [...] es unterlag allen möglichen Selbsttäuschungen und Irrtümern, Launen, Emotionen, Leidenschaften und Sünden, es erlitt mehr Niederlagen als Erfolge, es war kindisch, eitel, selbstsüchtig, trotzig, liebebedürftig, begehrerisch, ungerecht, empfindlich, faul, unverantwortlich usw. Zu meinem Leidwesen ermangelte es vieler Tugenden und Talente, die ich bei anderen neidisch bewunderte. Und das sollte die Analogie sein, nach der wir uns das Wesen Gottes vorzustellen hätten? **Erinnerungen, S. 73**

§ 183 belehrte mich, dass „Gottes überweltliches Wesen gegenüber der sittlichen Welt" in Seiner „Gerechtigkeit" bestehe, und Seine Gerechtigkeit sei nicht bloß eine „richterliche", sondern „ein Ausdruck Seines heiligen Wesens". Ich hatte gehofft, in diesem Paragrafen etwas über die Dunkelheiten Gottes zu vernehmen, welche mir zu schaffen machten: über Seine Rachsucht, Seine gefährliche Zornmütigkeit, Sein unverständliches Verhalten gegenüber den Geschöpfen Seiner Allmacht. Kraft Seiner Allmacht müsste Er wissen, wie untauglich sie waren. Aber es gelüstete Ihn, sie auch noch zu verführen, oder Er stellte sie auf die Probe, obwohl Er den Ausgang Seiner Experimente schon von vornherein wusste. – Ja, was ist der Charakter Gottes? Was ist eine menschliche Persönlichkeit, die so verfährt? Ich wagte nicht, es auszudenken, und dann las ich gar, dass Gott, „obgleich Sich selbst genug und für Sich selbst nichts außer Sich bedürftig", die Welt „aus Seinem Wohlgefallen" geschaffen, dass Er „sie als natürliche mit Seiner Güte erfüllt" habe und „als sittliche mit Seiner Liebe erfüllen will".

Zunächst grübelte ich über das befremdliche Wort „Wohlgefallen" nach. Wohlgefallen mit was oder mit wem? Offenbar mit der Welt, denn Er lobte Sein Tagewerk als gut. Gerade das hatte ich aber nie begriffen. Gewiss ist die Welt über alle Maßen schön, aber auch ebenso grauenhaft. […] Warum ist seine Welt und sein Geschöpf so unvollkommen? **Erinnerungen, S. 73 f.**

Jetzt frage ich Sie: Was würden Sie von einem Richter halten, der als Hüter des Gesetzes selbst ungerecht ist? Man wäre geneigt, einen solchen Mann unmoralisch zu nennen. Ich würde ihn als unmoralisch und moralisch zugleich bezeichnen, und ich glaube mit dieser Formel die Wahrheit getroffen zu haben. Der Gott des Alten Testamentes ist doch gewiss gut und böse. Er ist der Vater und Schöpfer Satans sowohl als auch Christi. Und wäre Gott Vater nichts als ein liebender Vater, so wäre Christi grausamer Opfertod sicherlich vollkommen überflüssig. Ich würde meinen Sohn nicht abschlachten lassen, um mich mit meinen ungehorsamen Kindern auszusöhnen. **GW 18/II, § 1593**

Seit der Apokalypse wissen wir wieder, dass Gott nicht nur zu lieben, sondern auch zu fürchten ist. *Er erfüllt uns mit Gutem und mit Bösem*, sonst wäre er ja nicht zu fürchten, und weil er Mensch werden will, muss die Einigung seiner Antinomie im Menschen stattfinden. Das bedeutet für den Menschen eine neue Verantwortlichkeit. Er kann sich jetzt nicht mehr mit seiner Kleinheit und Nichtigkeit ausreden, denn der dunkle Gott hat ihm die Atombombe und die chemischen Kampfstoffe in die Hand gedrückt und ihm damit die Macht gegeben, die apokalyptischen Zornschalen über seine Mitmenschen auszugießen. Da ihm sozusagen göttliche Macht geworden, kann er nicht mehr blind und unbewusst bleiben. Er muss um die Natur Gottes und um das, was in der Metaphysik vorgeht, wissen, damit er sich selbst verstehe und dadurch Gott erkenne.

GW 11, § 747

Wir haben im Alten Testament eine Menge Beweise, dass Jahwe gleichzeitig moralisch und unmoralisch ist, und die rabbinische Theologie ist sich dieser Tatsache völlig bewusst. Jahwe verhält sich ganz wie ein unmoralisches Wesen, obgleich er der Hüter des Gesetzes und der Ordnung ist. Dem Alten Testament nach ist er ungerecht und unzuverlässig. Selbst der Gott des Neuen Testamentes ist noch so hochgradig reizbar und rachsüchtig, dass er das Selbstopfer seines Sohnes benötigt, um seinen Zorn zu besänftigen.

GW 18/II, § 1593

Wie kann sich das absolut Böse mit dem absolut Guten verbinden und eins werden? Das scheint unmöglich. Der schicksalhafte Augenblick war da, als Christus der Versuchung Satans widerstand und sich von seinem Schatten trennte. Doch musste diese Trennung vollzogen werden, um den Menschen zu moralischer Bewusstheit zu verhelfen. Briefe II, S. 389 f.

Von Hiobs Pochen auf Gerechtigkeit

In einem Menschen, der uns Böses antut, können wir nicht zugleich den Helfer erwarten. Jahwe aber ist kein Mensch; er ist beides, Verfolger und Helfer in einem, wobei der eine Aspekt so wirklich ist wie der andere. Jahwe ist nicht gespalten, sondern eine *Antinomie*, eine totale innere Gegensätzlichkeit, die unerlässliche Voraussetzung seiner ungeheuren Dynamik, seiner Allmacht und Allwissenheit. Aus dieser Erkenntnis heraus hält Hiob daran fest, ihm „seine Wege darzutun", d.h. ihm seinen Standpunkt klarzumachen, denn ungeachtet seines Zornes ist er sich selbst gegenüber auch der Anwalt des Menschen, der eine Klage vorzubringen hat. **GW 11, § 567**

Trotz seiner erbärmlichen Kleinheit und Schwäche weiß dieser Mensch [Hiob], dass er einem übermenschlichen Wesen, das persönlich äußerst empfindlich ist, gegenübersteht und darum auf alle Fälle besser daran tut, sich aller kritischen Überlegungen zu enthalten, nicht zu sprechen von gewissen moralischen Ansprüchen, die man auch einem Gott gegenüber glaubt haben zu dürfen. **GW 11, § 565**

Hiob lässt sich nicht erschüttern und spricht ein bedeutendes Wort: „Schon jetzt, siehe, lebt im Himmel mir ein Zeuge, mir ein Mitwisser in der Höhe ... zu Gott blickt tränend auf mein Auge, dass er Recht schaffe dem Manne gegen Gott“, und an anderer Stelle: „Ich aber weiß: mein Anwalt lebt, und ein Vertreter ersteht (mir) über dem Staube.“

Aus den Worten Hiobs geht deutlich hervor, dass er, trotz seinem Zweifel, ob ein Mensch vor Gott recht haben könne, nur schwer von dem Gedanken lassen kann, auf dem Boden des Rechtes und damit der Moral Gott gegenüberzutreten.

Das Wissen, dass göttliche Willkür das Recht beugt, fällt ihm nicht leicht, denn er kann trotz allem seinen Glauben an die göttliche Gerechtigkeit nicht aufgeben. Aber andererseits muss er sich gestehen, dass niemand anders ihm Unrecht und Gewalt antut als eben Jahwe selbst. Er kann nicht leugnen, dass er sich einem Gott gegenüber befindet, der sich um kein moralisches Urteil kümmert bzw. keine für sich verbindliche Ethik anerkennt. Das ist wohl das Größte in Hiob, dass er angesichts dieser Schwierigkeit nicht an der Einheit Gottes irre wird, sondern klar sieht, dass Gott sich in Widerspruch mit sich selbst befindet, und zwar dermaßen total, dass er, Hiob, gewiss ist, in Gott einen Helfer und Anwalt gegen Gott zu finden. So gewiss ihm das Böse, so gewiss ist ihm auch das Gute in Jahwe.

GW 11, § 566 f.

Jahwes Gerechtigkeit wird gepriesen. Vor ihn als den gerechten Richter könnte Hiob seine Klage und die Beteuerung seiner Unschuld wohl vorbringen. Aber er zweifelt an dieser Möglichkeit: „Wie kann ein Mensch recht haben vor Gott?... Wollte ich ihn vor Gericht ziehen, er stünde nicht Rede... Gilt es das Recht, wer will ihn vorladen?“ Ohne Grund schlägt er ihm „viele Wunden ... Schuldlose wie Schuldige vernichtet er! Wenn seine Geißel plötzlich tötet, so lacht er der Verzweiflung der Unschuldigen ... Ich weiß“, spricht Hiob zu Jahwe, „dass du mich nicht ledig sprichst. Ich soll ja (nun einmal) schuldig sein.“ Wenn er sich schon reinigte, so würde Jahwe ihn „in Unrat tauchen... Er ist nicht ein Mensch wie ich, dass ich ihm erwiderte, dass wir zusammen vor Gericht gingen“. Hiob will aber seinen Standpunkt vor Jahwe erklären, seine Klage erheben und sagt ihm, er wisse ja, dass er, Hiob, unschuldig sei, und dass ihn „niemand errettet aus deiner Hand“. Es „gelüstet“ ihn, „mit Gott zu rechten“. Er will ihm „seine Wege ins Angesicht dartun“. Er weiß, dass er „im Recht“ ist. Jahwe sollte ihn vorladen und ihm Rede stehen oder ihn wenigstens seine Klage vorbringen lassen. In richtiger Einschätzung des Missverhältnisses zwischen Gott und Mensch stellt er ihm die Frage: „Willst du ein verwehtes Blatt erschrecken und einen dürren Halm verfolgen?“ Gott hat sein „Recht gebeugt“. Er hat ihm sein „Recht genommen“. Er achtet nicht des Unrechtes. „Bis ich verscheide, beharre ich auf meiner Unschuld. An meiner Gerechtigkeit halte ich fest und lasse sie nicht“ (alle Zitate im Buch Hiob).

GW 11, § 566

Das Böse – eine Verminderung des Guten?

Ich hätte es mir nie träumen lassen, dass ich in meiner praktischen Arbeit jemals mit einem scheinbar so abgelegenen Problem wie dem der privatio boni [das Böse eine Verminderung des Guten] zusammenstoßen würde. Das Schicksal wollte es aber, dass ich einen akademisch gebildeten Patienten, dem allerhand dubiose und moralische anfechtbare Handlungen unterlaufen waren, zu behandeln hatte. Er erwies sich als ferventer Anhänger der privatio boni, denn das passte vorzüglich in sein Konzept: Das Böse ist an sich nichts, ein bloßer Schatten, eine kleine und vorübergehende Verminderung des Guten wie eine vor der Sonne vorüberziehende Wolke. Dieser Herr bekannte sich als gläubiger Protestant und hätte also keinen Anlass gehabt, sich auf eine *sententia communis* [allgemeine Meinung] der katholischen Kirche zu berufen, wenn ihm diese nicht zu einer Gewissensberuhigung willkommen gewesen wäre. Dieser Fall hat mich ursprünglich veranlasst, mich mit der privatio boni und deren psychologischem Aspekt auseinanderzusetzen.

GW 11, § 457

Was Gott an sich ist, weiß kein Mensch; ich wenigstens weiß es nicht. Daher ist es außer der menschlichen Reichweite, gültige Aussagen über die göttliche Natur zu machen.

Wenn wir die Unzulänglichkeit des menschlichen Geistes außer Acht lassen, indem wir eine Kenntnis Gottes voraussetzen, die wir nicht haben können, verstricken wir uns nur in die unmöglichsten Widersprüche, und in dem Versuch, uns daraus zu befreien, bedienen wir uns furchtbarer Trugschlüsse wie der privatio boni. **GW 18/II, § 1595**

Selbstverständlich lässt sich das Böse als eine Verminderung des Guten darstellen, aber mit dieser Logik können wir auch sagen: Die Temperatur des arktischen Winters, in der uns Nase und Ohren erfrieren, liegt relativ nur wenig unter der am Äquator herrschenden Wärme. Beträgt doch die arktische Temperatur nicht viel weniger als 230° über dem absoluten Nullpunkt. Alle Dinge auf der Erde sind „warm“, das heißt nirgends wird der absolute Nullpunkt auch nur annähernd erreicht. Wie alle Dinge mehr oder weniger „gut“ sind und wie die Kälte nichts als eine Verminderung der Wärme ist, so das Böse nichts als eine solche des Guten. **GW 9/II, § 94**

Alle samt und sonders übersehen, dass Gut und Böse gleichwertige Hälften eines logischen Urteils sind.

Alle unterlassen es, auch in Ewigkeit des Teufels, der Hölle und der Verdammnis in Betracht zu ziehen, die gewiss nicht mä on [nicht existent] und auch nicht gut sind (d.h. gut nur für die himmlischen Zuschauer).

Briefe II, S. 169

Solange das Böse ein μὴ ὄν ist, *wird niemand den Schatten ernst nehmen.* Es wird weiter so sein, dass Hitler und Stalin nur einen „zufälligen Mangel an Vollkommenheit" darstellen. *Die Zukunft der Menschheit wird in hohem Maße von der Schattenerkenntnis* abhängen. Das Böse ist – psychologisch gesprochen – *furchtbar real.* Es ist ein verhängnisvoller Irrtum, seine Macht und Wirklichkeit zu verkleinern – und wenn auch nur im metaphysischen Sinn. Es tut mir leid, aber diese Frage reicht bis zu den Wurzeln des Christentums. Das Böse wird wahrhaftig nicht geringer, wenn es als Nicht-Wirklichkeit oder als ein bloßes Verschulden des Menschen vertuscht wird. **Briefe II, S. 169**

Es wird niemand einfallen – es sei denn unter ganz besonderen Voraussetzungen und zu bestimmtem Zweck –, Kälte als eine verminderte Wärme, Tiefe als eine verminderte Höhe und Rechts als ein vermindertes Links zu bezeichnen. Man könnte mit solcher Logik das Gute ebenso wohl eine Verminderung des Bösen nennen. Der Psychologe würde eine derartige Ausdrucksweise allerdings etwas zu pessimistisch finden, aber logisch hätte er dagegen nichts einzuwenden. Anstelle von 99 kann man ja auch, wenn es einem nicht zu umständlich ist, 100 minus 1 sagen. Wenn er aber als moralischer Mensch sich darauf ertappen sollte, eine unmoralische Handlung dadurch zu übertünchen, dass er sie optimistischerweise als eine gewisse Verminderung des allein wirklichen Guten oder als einen „akzidentellen Mangel an Vollkommenheit" betrachtet, so würde er sich sofort zur Ordnung rufen müssen. Seine Einsicht nämlich würde ihm sagen: Wenn dein Böses in der Tat nur ein nicht wirklicher Schatten deines Guten ist, dann ist dein sogenanntes Gutes nichts anderes als ein nicht wirklicher Schatten deines wirklichen Bösen. Wenn er diese Überlegung nicht macht, so belügt er sich selbst. **GW 11, § 457**

Aus dieser Tendenz, dem Bösen die Wirklichkeit abzusprechen, stammt wohl der Grundsatz: „Omne bonum a Deo, omne malum ab homine" [Alles Gute von Gott, alles Böse vom Menschen]. Das ist ein Widerspruch gegen die Wahrheit, dass, wer die Wärme erschaffen hat, auch für die Kälte (scl. bonitas inferiorum [d.h. Güte des Minderen]) verantwortlich ist. **GW 9/II, § 95**

Die Argumentation der privatio boni bleibt eine euphemistische petitio principii [beschönigende Voraussetzung eines unbewiesenen Satzes], ob das Böse nun als ein weniger Gutes oder als ein Effekt der Endlichkeit und Beschränktheit der geschaffenen Dinge gilt. Der Trugschluss erfolgt notwendigerweise aus der Prämisse Deus = Summum Bonum [Gott = das höchste Gut], weil es undenkbar ist, dass der vollkommen Gute das Böse hätte erschaffen können. Er hat bloß Gutes und minder Gutes (welches der Laie einfach Schlechteres nennen würde) geschaffen. Da wir nun trotz einer Hitze von 230° über dem absoluten Nullpunkt jämmerlich frieren, so gibt es eben auch Menschen und Dinge, die zwar von Gott geschaffen, aber doch bloß minimal gut und daher maximal schlecht sind. **GW 9/II, § 94**

Ich (sah) mich gezwungen, die Gültigkeit der privatio boni für den empirischen Bereich zu bestreiten. Ebenso und aus denselben Gründen kritisiere ich den aus der privatio boni abgeleiteten Satz: „Omne bonum a Deo, omne malum ab homine“ [„Alles Gute von Gott, alles Böse vom Menschen“]. (Die Richtigkeit dieses Satzes erscheint mir anfechtbar, weil man nicht Adam für die Bosheit der Schlange verantwortlich machen kann.) Denn damit ist dem Menschen einerseits die Möglichkeit genommen, etwas Gutes hervorzubringen, andererseits wird ihm die verführerische Macht des Bösen gegeben. Die einzige Dignität, die ihm bleibt, ist die des gefallenen Engels. Mein Leser sieht, dass ich diesen Satz beim Wort nehme. **GW 11, § 458**

Gut und Böse als Gegensatz

Wenn [...] die christliche Metaphysik an der privatio boni [das Böse ist eine Verminderung des Guten] festhält, so drückt sie damit die Tendenz aus, das Gute jeweils zu mehren und das Böse zu mindern. Die privatio boni mag daher metaphysisch wahr sein. Ich maße mir in dieser Hinsicht kein Urteil an. Ich muss nur darauf bestehen, dass in unserem Erfahrungsbereich Weiß und Schwarz, Licht und Dunkelheit, Gut und Böse äquivalente Gegensätze sind, deren einer Teil immer den anderen voraussetzt. **GW 9/II, § 98**

Ich selber nahm zwar nicht an, dass Gott ein grausames Wohlgefallen am unverschuldeten Leiden von Mensch und Tier empfand, es erschien mir aber keineswegs unsinnig zu denken, dass Er beabsichtigt hatte, eine Welt der Gegensätze zu schaffen, in der eines das andere fraß und das Leben eine Geburt zum Tode war. Die „wunderbaren Harmonien" der Naturgesetze kamen mir weit eher als ein mühsam gebändigtes Chaos vor, und der „ewige" Sternhimmel mit seinen vorgeschriebenen Bahnen erschien mir als eine offensichtliche Zusammenhäufung von Zufälligkeiten ohne

Ordnung und Sinn, denn die Sternbilder, von denen man sprach, konnte man in Wirklichkeit gar nicht sehen. Es waren bloße Willkürkombinationen. Inwiefern Gott die natürliche Welt mit Seiner Gnade erfüllte, blieb mir dunkel. **Erinnerungen, S. 74 f.**

Das Christentum hat die Antinomie von Gut und Böse zu einem Weltproblem und durch die dogmatische Formulierung des Gegensatzes zu einem absoluten Prinzip erhoben. In diesen vorderhand ungelösten Konflikt ist der christliche Mensch hineingestellt als ein Protagonist des Guten und als Mitspieler im Weltdrama. Diese Nachfolge Christi bedeutet, wenn in tiefstem Sinne verstanden, ein Leiden, welches weitaus den meisten unerträglich ist. **GW 12, § 25**

Der Gegensatz zwischen Hell und Gut einerseits und Dunkel und Böse anderseits wurde in seinem offenen Konflikt belassen, indem Christus schlechthin das Gute, der Widerpart Christi, der Teufel, aber das Böse vertritt. Dieser Gegensatz ist das eigentliche Weltproblem, welches vorderhand noch ungelöst ist.

GW 12, § 22

Wenn ein Baum in den Himmel wächst, reichen seine Wurzeln bis in die Hölle hinunter, sagt Nietzsche. Aber es ist oben und unten derselbe Baum. **GW 11, § 791**

Der Teufel ist ja das Schwarze; das Übel ist das Schwarze. [...] Kaum ist der göttliche Funke zwischen den Gegensätzen aufgeflammt, so mischt sich auch schon das Böse, der Teufel [...] hinein. Das ist die „admixtio diabolicae fraudis", die Beimischung des teuflischen Betruges. Es wird offenbar, dass es das ganz Reine nicht gibt, dass die Dinge mit dem Unreinen, mit der Materie vermischt sind. **Kinderträume, S. 206**

Obschon der Ausschluss der bösen Macht dem christlichen Bewusstsein durchaus bekannt war, so war ihm damit nur ein wesenloser Schatten ausgefallen, denn durch die Lehre der privatio boni, die sich schon bei Origenes ankündigt, war dem Bösen der Charakter eines bloß verminderten Guten aufgeprägt und ihm damit die Substanz genommen. Nach der Kirchenlehre ist das Böse ja nur „der akzidentelle Mangel einer Vollkommenheit". Aufgrund dieser Voraussetzung konnte die Meinung entstehen: „Omne bonum a Deo, omne malum ab homine" [Alles Gute von Gott, alles Böse vom Menschen]. Ebenso folgte daraus die spätere Ausschaltung des Teufels in gewissen protestantischen Lehren. **GW 9/II, § 74**

Wo Glaube ist, ist auch Zweifel; wo Zweifel ist, ist auch Gläubigkeit; wo Sittlichkeit ist, ist auch Versuchung. Nur Heilige haben Teufelsvisionen, und Tyrannen sind die Sklaven ihrer Kammerdiener. Wenn wir unseren eigenen Charakter sorgfältig prüfen, werden wir unweigerlich finden, dass „Hoch auf Tief" steht, wie Lao-Tse sagt. Das will heißen, dass die Gegensätze einander bedingen und dass sie eigentlich ein und dasselbe sind. Das sieht man gut bei Menschen mit einem Minderwertigkeitskomplex: Sie hegen irgendwo noch einen kleinen Größenwahn. Die Tatsache, dass die Gegensätze als Götter erscheinen, kommt von der einfachen Erkenntnis, dass sie sehr mächtig sind. Die chinesische Philosophie erklärte daher, es seien kosmische Prinzipien, und nannte sie *yang* und *yin*. Je mehr man die Gegensätze trennen will, umso größer wird ihre Macht. **GW 11, § 791**

Es scheint mir von größter Wichtigkeit zu sein, dass der Protestantismus psychologische Erfahrung integriert, so wie zum Beispiel Jacob Böhme. Für ihn ist Gott nicht nur Liebe, sondern andererseits und im gleichen Maße auch das Feuer des Zorns, in welchem Luzifer selbst wohnt. Christus ist eine Offenbarung seiner Liebe, aber er kann auch ebenso gut seinen Zorn auf alttestamentliche Weise zeigen, das heißt in Form von Bösem. Insoweit als aus Bösem Gutes hervorgehen kann und aus Gutem Böses, wissen wir nicht, ob die Schöpfung letzten Endes gut oder ein bedauerlicher Fehler ist und Gott an ihr leidet. Es ist ein unsagbares Geheimnis. Jedenfalls werden wir weder der Natur im Allgemeinen noch unserer eigenen menschlichen Natur gerecht, wenn wir das Übermaß des Bösen und des Leidens verleugnen und die Augen vom grausamen Aspekt der Schöpfung abwenden. Das Böse sollte als solches erkannt und nicht der Sündhaftigkeit des Menschen zugeschrieben werden. Man beleidigt Jahwe nicht, indem man ihn fürchtet.

GW 18/II, § 1654

Die Bedingung der göttlichen Freiheit ist die absolute Gegensatznatur Gottes. Denn Freiheit kann es nicht geben ohne Gebundenheit wie auch Bewusstsein nicht ohne Unbewusstheit. Alles, was wir von Gott aussagen, stammt aus unserer Erfahrung des Selbst, so auch die Aussage der Gegensatznatur. Das Selbst ist nicht nur das Licht, sondern auch die Finsternis, das Gute sowohl als auch das Böse, die Freiheit sowohl wie die Gebundenheit. Seine wahre Göttlichkeit aber liegt in der unio oppositorum (Vereinigung der Gegensätze), die eine unvorstellbare Paradoxie ist und als solche ein Symbol für eine bewusstseinstranszendente Existenz, die wir nur postulieren können.

Kinderträume, S. 391

Die Seele ist paradox wie der Vater, sie ist weiß und schwarz, göttlich und dämonisch in ihrem ursprünglichen und naturhaften Zustand. Durch die Unterscheidungsfunktion ihrer bewussten Seite trennt sie die Gegensätze aller Art und namentlich diejenigen moralischer Natur, wie sie im XP [Christus] und im Teufel personifiziert sind. Dadurch schafft die geistige Entwicklung der Seele eine gewaltige Spannung, die der Mensch nur erleiden kann. Der XP verspricht ihr Erlösung. Aber worin besteht diese eigentlich? Die imitatio des XP [Nachfolge Christi] führt uns auf den Kalvarienberg zu einer Vernichtung des „Leibes", das heißt des biologischen Lebens, und wenn wir diesen Tod symbolisch nehmen, ist es ein Zustand des Aufgehängtseins zwischen Gegensätzen, das heißt ein ungelöster Konflikt. Das ist es eben, was Przywara den Riss nennt, den Abgrund, der Gut und Böse trennt, den latenten und anscheinend unheilbaren Dualismus des Christentums, die Ewigkeit des Teufels und der Verdammnis. **GW 18/II, § 1553**

Die Götter sind archetypische Gedankenformen, die zum *sambhoga-kaya* gehören. Ihre friedlichen und zornigen Aspekte, die in den Meditationen des „Tibetanischen Totenbuches" eine große Rolle spielen, symbolisieren die Gegensätze: Im *nirmana-kaya* sind diese Gegensätze nichts weiter als menschliche Konflikte, aber im *sambhoga-kaya* bedeuten sie die positiven und negativen Prinzipien, vereint in einer und derselben Figur. Dies entspricht der psychologischen Erfahrung, wie sie auch in Lao-Tses „Tao Te King" formuliert ist, dass es nämlich keine Position ohne ihre Negation gibt. **GW 11, § 791**

Den Teufel ernst nehmen

Überdies war der Teufel *vor* dem Menschen und gewiss nicht gut. Der Teufel aber ist nicht *nichts*. Der Gegensatz des Guten ist darum nicht nichts, sondern ein ebenso wirkliches Böses. **Briefe II, S. 471**

Der Teufel spielte lange Zeit keine Rolle in meinen Gedanken. Er erschien mir als der böse Hofhund eines mächtigen Mannes. Niemand hatte die Verantwortung für die Welt als Gott, und Er war, wie ich nur zu gut wusste, auch furchtbar. **Erinnerungen, S. 62**

Wenn Gott das „höchste Gut“ ist, warum ist Seine Welt, Sein Geschöpf so unvollkommen, so verdorben, so erbarmungswürdig? – Offenbar vom Teufel gestochen und durcheinandergebracht, dachte ich. Aber der Teufel ist ja auch das Geschöpf Gottes. Ich musste also über den Teufel nachlesen. Er schien doch sehr wichtig zu sein. Wieder schlug ich meine Dogmatik auf und suchte nach der Antwort auf diese brennende Frage nach den Gründen des Leidens, der Mangelhaftigkeit und des Bösen und konnte nichts finden. Das schlug dem Fass den Boden aus. Diese Dogmatik war offenbar nichts als Schönschwätzerei, ja schlimmer noch, eine ungewöhnliche Dummheit, welche nichts anderes konnte als die Wahrheit verdunkeln. Ich war enttäuscht und noch mehr: Ich war empört.

Erinnerungen, S. 75

Wie die Götterlegenden häufig widerspruchsvoll sind, so auch der moralische Charakter ihrer Figuren. In der westlichen Antike hat die Paradoxie und die moralische Zweideutigkeit der Götter schon früh Anstoß erregt und eine entsprechende Kritik verursacht, welche schließlich einesteils zu einer Entwertung der olympischen Götterkompanie führte, anderenteils zu philosophischen Deutungen Anlass gab. Am deutlichsten drückt sich dies wohl aus in der christlichen Reformation des jüdischen Gottesbegriffes: Der moralisch zweideutige Jahwe wurde zu einem ausschließlich guten Gott, dem gegenüber der Teufel alles Böse in sich vereinigte. GW 9/I, § 189

Was immer die metaphysische Stellung des Teufels sein mag, in der psychologischen Wirklichkeit bedeutet das Böse eine wirksame, ja sogar bedrohliche Beschränkung des Guten, sodass nicht zu viel gesagt ist, wenn man annimmt, dass in dieser Welt nicht nur Tag und Nacht, sondern auch Gut und Böse sich mehr oder weniger die Waage halten und dass dies der Grund sei, warum der Sieg des Guten immer einen besonderen Gnadenakt bedeutet. **GW 11, § 253**

Irgendwo und irgendwann musste es doch Menschen gegeben haben, welche die Wahrheit suchten wie ich. [...] In dieser Zeit war es, dass meine Mutter [...] plötzlich ohne weitere Präambeln zu mir sagte: „Du musst einmal den Faust von Goethe lesen." Wir hatten eine schöne *Goethe*ausgabe letzter Hand, und ich suchte den Faust heraus. Es strömte wie ein Wunderbalsam in meine Seele. Endlich ein Mensch, dachte ich, der den Teufel ernst nimmt und sogar einen Blutpakt abschließt mit dem Widersacher, der die Macht hat, Gottes Absicht, eine vollkommene Welt zu schaffen, zu durchkreuzen.

Ich bedauerte Faustens Handlungsweise, denn nach meiner Ansicht hätte er nicht so einseitig und verblendet sein dürfen. Er hätte doch gescheiter und auch moralischer sein sollen! Es erschien mir kindisch, seine Seele so leichtsinnig zu verspielen. Faust war offenbar ein Windbeutel! Auch hatte ich den Eindruck, dass das Schwergewicht und das Bedeutende hauptsächlich aufseiten Mephistos lag. Ich hätte es nicht bedauert, wenn Faustens Seele in die Hölle geraten wäre. Es wäre nicht schade um ihn gewesen. Der „betrogene Teufel" am Ende wollte mir gar nicht gefallen, war doch Mephisto alles, nur kein dummer Teufel, der von blöden Engelchen hätte genasführt werden können. Mephisto schien mir in einem ganz anderen Sinne betrogen zu sein: Er ist nicht zu seinem verbrieften Recht gekommen, sondern Faust, dieser etwas windige und charakterlose Geselle, hat seinen Schwindel bis ins Jenseits durchgeführt. Dort ist zwar seine Knabenhaftigkeit an den Tag gekommen, aber die Einweihung in die großen Mysterien schien er mir nicht verdient zu haben. Ich hätte ihm noch etwas Fegefeuer gegönnt! Das eigentliche Problem sah ich bei Mephisto, dessen Gestalt mir haften blieb und von dem ich unklar eine Beziehung zum Muttermysterium ahnte. Auf alle Fälle blieben mir Mephisto und die große Einweihung am Schluss als ein wunderbares und geheimnisvolles Erlebnis am Rande meiner Bewusstseinswelt.

Endlich hatte ich die Bestätigung gefunden, dass es doch Menschen gab oder gegeben hatte, welche das Böse und dessen weltumspannende Macht sahen und noch mehr, nämlich die geheimnisvolle Rolle, welche es in der Erlösung der Menschen aus Dunkelheit und Leiden spielt. Insoweit wurde mir Goethe zum Propheten. Aber ich konnte es ihm nicht verzeihen, dass er Mephisto mit einer bloßen Spielerei, mit einem tour de passe-passe, im Handkehrum erledigte. Das war mir zu theologisch, zu leichtsinnig und unverantwortlich. Ich bedauerte es aufs Tiefste, dass auch Goethe der – oh so trügerischen – Verharmlosung des Bösen zum Opfer gefallen war. **Erinnerungen, S. 75 f.**

DER MENSCH IN DER ZANGE ZWISCHEN GUT UND BÖSE

„Mensch, wenn du weißt, was du tust, bist du selig.“

GW 11, § 291

Der Mensch – Verursacher des Bösen?

Wie gesagt, ist es von der größten und lebenswichtigsten Tragweite für den Menschen, wenn er sich selbst als die Quelle des Bösen betrachtet, während er darauf beharrt, dass alles Gute von Gott stamme. Ob er es weiß oder nicht, erfüllt ihn dieses einerseits mit satanischem Stolz und mit Hybris – und mit einem abgrundtiefen Minderwertigkeitsgefühl auf der anderen Seite. Schreibt er dagegen die gewaltige Macht der Gegensätze der Gottheit zu, so kann er seinen bescheidenen Platz als kleines Abbild der Gottheit einnehmen; nicht Jahwes, in dem die Gegensätze unbewusst sind, aber einer Quaternität [Vierheit], die aus den Hauptgegensätzen besteht: Männlich und Weiblich, Gut und Böse, und die sich im menschlichen Bewusstsein spiegelt, wie die psychologische Erfahrung und das historische Beweismaterial zeigen. Oder habe *ich* etwa die Idee des Tao, das lebendige geistige Symbol des alten China, erfunden? Oder die vier Söhne des Horus im alten Ägypten? Oder die alchemische Quaternität, die fast ein Jahrtausend lang lebendig war? Oder das Mahayana Mandala, das auch heute noch lebendig ist? [...] Das Quaternitätssymbol relativiert Gut und Böse, aber es verharmlost sie nicht im Geringsten.

GW 18/II, § 1617 f.

Dabei darf man nicht außer Acht lassen, dass die Gegensätze ihre moralische Zuspitzung erst im Gebiete des menschlichen Wollens und Handelns erlangen und dass wir außerstande sind, eine Definition des Guten und Bösen zu geben, welche schlechthin allgemeingültig wäre, das heißt, wir wissen letzten Endes nicht, was Gut und Böse an sich sind. Es steht also zu vermuten, dass sie einer menschlichen Bewusstseinsnotwendigkeit entspringen und darum jenseits des Menschen ihre Gültigkeit verlieren, das heißt, es ist unzulässig, sie metaphysisch zu hypostasieren, weil sie dann ihren Sinn verlören.

Nennen wir alles, was Gott tut oder zulässt, gut, dann heißen wir das Schlimme gut, und „gut" ist sinnlos geworden. Das Leiden aber, ob es die passio Christi ist oder das Leiden der Welt, bleibt das gleiche wie zuvor.

Dummheit, Sünde, Krankheit, Alter und Tod bilden nach wie vor die dunkle Folie, von der sich des Lebens heiterer Glanz abhebt. **GW 9/II, § 423**

Man kann es ja Augustinus zugeben, dass alle Naturen gut seien; aber eben nicht gut genug, als dass ihre Schlechtigkeit nicht ebenso einleuchtend wäre.

GW 9/II, § 95

Dank der Entwicklung der Gefühlswerte hat sich der Glanz der lichten und gütigen Gottheit ins Unermessliche erhöht, das Dunkle aber, das durch den Teufel dargestellt werden sollte, hat sich im Menschen lokalisiert.

Diese eigentümliche Entwicklung wurde hauptsächlich dadurch verursacht, dass das Christentum, erschreckt durch den manichäischen Dualismus, mit aller Macht seinen Monotheismus zu wahren suchte. Da man aber die Wirklichkeit des Dunkeln und Bösen nicht leugnen konnte, blieb nichts anderes übrig, als den Menschen hierfür verantwortlich zu machen. Man hat sogar den Teufel beinahe oder sogar ganz abgeschafft, wodurch diese metaphysische Gestalt, die früher einen integralen Teil der Gottheit bildete, im Menschen introjiziert wurde, sodass dieser zum eigentlichen Träger des mysterium iniquitatis [Geheimnis der Ungerechtigkeit (Sünde)] wurde: „Omne bonum a Deo, omne malum ab homine!“ [Alles Gute (kommt von) Gott, alles Böse vom Menschen.]

GW 9/I, § 189

Bekanntlich ist durch Adams Schuld Sünde und Tod in die Welt gekommen, und Christus hat uns durch seinen Tod von der Schuld losgekauft. Auf die Frage, worin denn Adams Schuld bestanden habe, ist zu sagen, dass seine unverzeihliche, mit dem Tode zu büßende Sünde war, dass er sich erdreistete, vom Paradiesesbaum zu essen. GW 5, § 368

Das Gewissen – gleichgültig, wie es begründet wird – stellt die Forderung an den Einzelnen, seiner inneren Stimme Gefolgschaft zu leisten, auf die Gefahr hin, sich zu irren. Man kann diesem Gebot den Gehorsam verweigern unter Berufung auf den durch religiöse Auffassungen gestützten Sittenkodex, allerdings mit dem misslichen Gefühl, eine Untreue begangen zu haben. Man mag über das Ethos denken, wie man will, es ist und bleibt ein innerer Wert, dessen Verletzung kein Spaß ist, sondern unter Umständen bedenkliche psychische Folgen hat. **GW 10, § 841**

[Die] Entwicklung kehrt sich in neuerer Zeit infernalisch um, indem der Wolf im Schafsgewand herumgehend überall in die Ohren flüstert, das Böse sei eigentlich nichts als ein Missverständnis des Guten und ein taugliches Instrument des Fortschrittes. Man glaubt, damit der Dunkelwelt endgültig den Garaus gemacht zu haben, und denkt nicht daran, was für eine seelische Vergiftung des Menschen damit in die Wege geleitet ist. Er macht sich ja damit selbst zum Teufel, denn dieser ist die Hälfte eines Archetypus.

GW 9/I, § 189

Wenn man überhaupt anders kann, so sollte man sich nie mit einem Archetypus identifizieren, denn die Folgen sind, wie die Psychopathologie und gewisse Zeitereignisse zeigen, erschreckend.

Der Westen hat sich seelisch dermaßen heruntergewirtschaftet, dass er den Inbegriff der vom Menschen nicht gebändigten und nicht zu bändigenden seelischen Gewalt, nämlich die Gottheit selbst, leugnen muss, um sich neben dem schon aufgeschluckten Bösen auch noch des Guten zu bemächtigen.

GW 9/I, § 189 f.

Warum kann man sich nicht begnügen? Warum ist man nicht vernünftig? Warum tut man das Gute nicht ausschließlich und muss dem Bösen immer noch eine Ecke lassen? Warum sagt man bald zu viel, bald zu wenig? Warum macht man Dummheiten, die man bei einiger Besonnenheit leicht vermeiden könnte? Ja, wodurch werden wir immer wieder durchkreuzt und in unseren besten Intentionen gehemmt? Warum gibt es Menschen, die solches nicht merken oder es nicht einmal zugeben können, dass dem wirklich so sei? Warum schließlich erzeugt diese Menschenherde, wenn zusammengehäuft, die historische Tollheit der letzten dreißig Jahre? Warum ist es nicht schon einem Pythagoras vor 4200 Jahren gelungen, endgültig die Herrschaft der Weisheit zu begründen, oder dem Christentum, das Reich Gottes auf Erden aufzurichten?

GW 16, § 387

Wenn man das Böse berührt, so besteht die dringende Gefahr, dass man ihm verfällt. Man darf also überhaupt nicht mehr „verfallen“, auch nicht zum Guten. Ein sogenanntes Gutes, dem man verfällt, verliert seinen moralischen Charakter. Nicht dass es an sich schlecht geworden wäre, aber es entwickelt böse Folgen, weil man ihm verfallen ist. Jede Form von Süchtigkeit ist ein Übel, gleichgültig, ob es sich um Alkohol, Morphium oder Idealismus handelt. Man darf sich von den Gegensätzen nicht mehr verführen lassen. **Erinnerungen, S. 357 f.**

Das Böse ist relativ, teils vermeidbar, teils Verhängnis; das gilt auch für die Tugend, und oft weiß man nicht, was schlimmer ist. Man denke zum Beispiel an das Schicksal einer Frau, die mit einem anerkannten Heiligen verheiratet ist! Welche Sünden müssen die Kinder begehen, um neben dem überwältigenden Einfluss eines solchen Vaters überhaupt ihr Leben als ihr eigenes empfinden zu können! Das Leben als ein energetischer Prozess bedarf der Gegensätze, ohne welche Energie bekanntlich unmöglich ist. Gut und Böse sind nichts anderes als die moralischen Aspekte dieser natürlichen Gegensätze. Dass wir sie so fühlen müssen, erschwert die menschliche Existenz um ein Vielfaches. Dieses Leid, das dem Leben unvermeidlich anhaftet, ist nicht zu umgehen. **GW 11, § 291**

Ein Mensch, der weiß, was er tut, wenn er Böses tut, hat zwar eine Chance zur Seligkeit, aber zunächst ist er in der Hölle. Denn das Böse, wenn man es tut, auch wenn man es wissend tut, *ist* das Böse und wirkt so. Aber wenn der Mensch diesen Weg nicht gegangen wäre, diesen Schritt nicht getan hätte, so wäre es vielleicht eine seelische Regression, ein Zurückschreiten in der inneren Entwicklung, eine infantile Feigheit gewesen. Wer meint, durch die Anwendung des apokryphen Wortes, durch das „wissende Tun", sich vor der Sünde zu bewahren oder sich zu erlösen, irrt, er hat sich vielmehr in die Sünde getaucht. **GW 10, § 868**

Das leidenschaftliche Begehren hat seine zwei Seiten: Es ist die Kraft, die alles verschönt und unter Umständen auch alles zerstört. Es ist daher begreiflich, dass ein heftiges Begehren entweder an sich schon von Angst begleitet ist oder von Angst gefolgt oder angekündigt wird. Leidenschaft führt Schicksale herbei und schafft damit Unwiderrufliches. Sie treibt das Rad der Zeit voran und belastet die Erinnerung mit unwiederbringlicher Vergangenheit. Die Angst vor dem Schicksal ist nur zu verständlich: Es ist ein Unabsehbares und Grenzenloses; es birgt unbekannte Gefahren, und das Zögern des Neurotischen, das Leben zu wagen, erklärt sich unschwer aus dem Wunsch, abseits stehen zu dürfen, um nicht in den gefährlichen Kampf verwickelt zu werden. Wer auf das Wagnis, zu erleben, verzichtet, muss den Wunsch dazu in sich ersticken, also eine Art von partiellem Selbstmord begehen. Daraus erklären sich die Todesfantasien, die den Verzicht auf das Begehren gerne begleiten. **GW 5, § 165**

Das so schön klingende Wort „menschlich“ bedeutet in seinem letzten Verstande nichts Schönes, nichts Tugendhaftes, nichts Intelligentes, sondern *unteres Mittelmaß*. Das ist der Schritt, den Zarathustra [bei Nietzsche] nicht tun konnte: der Schritt zum „hässlichsten Menschen“, zum wirklichen Menschen. Das Sträuben dagegen, ja die Angst davor beweisen, wie groß die Anziehung der Verführungskraft des Unteren ist. Die Abscheidung vom Unteren ist keine Lösung, sondern ein Schein, eine wesentliche Verkennung seines Wertes und Sinnes. Denn was ist ein Hoch, dem das Tief fehlt, was ein Licht, das keinen Schatten wirft? Kein Gutes kann wachsen, dem nicht ein Böses entgegensteht. „Du kannst von keiner Sünde erlöst werden, die du nicht begangen hast“, sagt Karpokrates; ein tiefes Wort für alle, die verstehen wollen, und eine glänzende Gelegenheit für alle, die falsche Schlüsse ziehen wollen. Das Untere aber, das im bewussteren und darum vollkommeneren Menschen mitzuleben verlangt, *ist nicht das, wozu ihn bloße Lust überreden will, sondern das, was er fürchtet.* **GW 10, § 271**

Auf den Menschen kommt es nun an: Ungeheure Macht der Zerstörung ist in seine Hand gegeben, und die Frage ist, ob er dem Willen, sie zu gebrauchen, widerstehen und ihn mit dem Geist der Liebe und Weisheit bändigen kann. Aus eigener Kraft allein wird er dazu kaum fähig sein. **GW 11, § 745**

Der Geist des Bösen ist die Angst, das Verbot, der Widersacher, der dem nach ewiger Dauer ringenden Leben sowohl wie jeder einzelnen großen Tat hindernd in den Weg tritt, der dem Körper das Gift der Schwäche und des Alters durch meuchlerischen Schlangenbiss einflößt; er ist alles Zurückstrebende, das mit Verhaftung an die Mutter und mit Auflösung und Auslöschung im Unbewussten bedroht. Für den heroischen Menschen ist Angst Forderung und Aufgabe, denn nur das Wagnis kann von der Angst befreien. Und wenn es nicht gewagt wird, so ist etwas am Sinne des Lebens zerbrochen, und alle Zukunft ist zur hoffnungslosen Plattheit verdammt, zu einer Dämmerung, die nur noch durch Irrlichter erhellt wird.

GW 5, § 551

Wäre der Mensch tatsächlich der Ursprung alles Bösen, so würde seine Macht der des Guten und damit Gottes gleichkommen oder annähernd gleichkommen. **GW 18/II, § 1593**

Der Mensch soll „wissen, was gut und böse ist"

Wer also eine Antwort haben will auf das heute gestellte Problem des Bösen, der bedarf in erster Linie einer gründlichen *Selbsterkenntnis*, d.h. einer bestmöglichen Erkenntnis seiner Ganzheit. Er muss ohne Schonung wissen, wie viel des Guten er vermag und welcher Schandtaten er fähig ist, und er muss sich hüten, das eine für wirklich und das andere für Illusion zu halten. Es ist beides wahr als Möglichkeit, und er wird weder dem einen noch dem anderen ganz entgehen, wenn er – wie er es eigentlich von Hause aus müsste – ohne Selbstbelügung oder Selbsttäuschung leben will.

Erinnerungen, S. 359

Es ist darum auch die optimistische Voraussetzung der Psychotherapie, dass die Bewusstwerdung das Vorhandensein des Guten mehr betont als das verdunkelnde Böse. Die Bewusstwerdung ist tatsächlich eine Versöhnung von Gegensätzen und bildet damit ein höheres Drittes. **Briefe II, S. 491**

„Jenseits von Gut und Böse" bedeutet einfach: Wir legen keine moralischen Werturteile ab. Aber tatsächlich verändert sich nichts. Das Gleiche gilt, wenn wir behaupten, dass, was immer Gott ist oder tut, gut sei. Da Gott alles tut (selbst der von ihm erschaffene Mensch ist sein Werkzeug), ist alles gut, und der Begriff „gut" hat seinen Sinn verloren. „Gut" ist ein relativer Begriff. Es gibt kein Gutes ohne ein Schlechtes.

GW 18/II, § 1651

Die menschliche Natur ist unendlicher Bosheit fähig, und die bösen Taten sind so wirklich wie die guten.

GW 9/II, § 97

Da es ohne Schuld kein moralisches und ohne wahrgenommene Unterschiedenheit überhaupt kein Bewusstsein gäbe, so muss man es dem Meister der Seelen wohl zugestehen, dass sein sonderbarer Eingriff hinsichtlich der Entwicklung jeglicher Art von Bewusstsein durchaus förderlich und in diesem Sinne von gutem war. Laut Aussage unserer Konfession ist Gott selbst dieser Meister. GW 13, § 244

Bei Schopenhauer ist das principium individuationis [Individuationsprinzip] die Quelle des Übels, und erst recht im Buddhismus. Aber auch im Christentum wird die Natur des Menschen mit dem peccatum originale [Erbsünde] behaftet und durch das Selbstopfer Christi von diesem Makel erlöst. Der „natürliche" Mensch, wie er sich als Gegebenheit vorfindet, ist nicht gut und nicht rein, und sollte er sich per vias naturales [auf natürliche Weise] entfalten, so würde dabei ein vom Tier nicht wesentlich verschiedenes Gewächs herauskommen. Die bloße Triebhaftigkeit und die durch kein Schuldbewusstsein getrübte, naive Unbewusstheit des Naturwesens würde vorherrschen, hätte nicht der „Meister" diesem Treiben dadurch ein Ende gesetzt, dass er die freie Entfaltung des natürlichen Wesens unterbrach, indem er eine Distinktion zwischen „gut" und „böse" einführte und das „Böse" in Acht und Bann erklärte. GW 13, § 244

Wir kennen das christliche Vorurteil gegen das Tier im Menschen, aber ein Tier ist nicht böse, ebenso wenig ist es gut. Wir sind böse, der Mensch ist zwangsläufig böse, weil er so gut ist. Nur domestizierte Tiere benehmen sich schlecht; ein wildes Tier fällt nie aus der Rolle, es folgt seinem eigenen Naturgesetz; so etwas wie einen guten Tiger, der nur Äpfel und Karotten frisst, gibt es nicht; ein wildes Tier ist ein frommes, gehorsames Geschöpf, das den Willen Gottes in der vollkommensten Weise erfüllt. [...] wenn wir das Tier in uns selbst töten, dann töten wir auch die wirklich guten Dinge in uns selbst, nicht die scheinbar guten Dinge. Traumanalyse, S. 63

Soll ich die Wahrheit sagen und damit für einen Mitmenschen eine unverhältnismäßige Katastrophe herbeiführen, oder soll ich lügen, um ein Menschenleben zu retten? In dergleichen Fällen folgt man unter Umständen dem Gewissen keineswegs, wenn man sich auf den Satz versteift: Du sollst nicht lügen. Man hat bloß den Sittenkodex befolgt. Wenn man aber dem Urteil des Gewissens gehorcht, so steht man allein und hat auf eine subjektive Stimme gehört, von der man zunächst nicht weiß, auf was für Motiven sie beruht. Niemand kann garantieren, dass er nur edle Beweggründe hat. Man weiß unter Umständen zu viel von sich selbst, als dass man sich noch vorgaukeln könnte, man sei hundertprozentig gut und nicht egoistisch bis in die Knochen. Bei unseren vermeintlich besten Taten steht ja auch immer der Teufel hinter uns, der uns väterlich auf die Schulter klopft und flüstert: „Das hast du großartig gemacht!" **GW 10, § 837**

Die Turba [Unruhe, Lärm] ist das Stimmengewirr der Teufel, wie dies unter anderem bei den Kirchenvätern – beispielsweise Athanasius von Alexandria – zum Ausdruck kommt. [...]

Nach der Kirchenlehre ist die Turba der teuflische Geist. Der Heilige Geist kommt in der Stille [Athanasius]. Der Teufel dagegen kommt im Lärm, sogar mit Messegeklingel. Der Teufel ist der Abfall von Gott. – Das ist eigentlich richtig. Wenn wir von den Grundsätzen des Instinktes abweichen, weichen wir vom göttlichen Willen ab und beschädigen uns so durch

Ungehorsam, Unwissenheit, Krankhaftigkeit und Instinktlosigkeit. Dieses Abweichen wird in der theologischen Sprache als „Sünde" bezeichnet. Es wird moralisiert durch die Theologie. Deren Eigentümlichkeit ist es, dass sie voraussetze, man wisse, was gut sei und was böse. Dann ist natürlich ein Abweichen vom Grundplan böse und das Festhalten gut. Aber wenn man zweifelt, wird es unsicher. Es gibt Fälle, wo man sagen muss: abweichen vom Grundplan ist besser. – Man kann natürlich immer sagen, abzuweichen sei sehr böse. Wenn man jedoch ehrlich ist, muss man einen Zweifel eingestehen, ob wir immer genau wissen, was gut und was böse sei. Es braucht schon göttliche Eigenschaften, um den letzten Unterschied von gut und böse zu wissen. Darum hat sich die Menschheit immer an göttliche Offenbarungen gewandt.

Kinderträume, S. 631

Die nächsten zwei Tage waren qualvoll, und meine Mutter war überzeugt, dass ich krank sei. Ich widerstand der Versuchung zu beichten, wobei mir der Gedanke, dass ich durch Nachgeben meinen Eltern den größten Kummer bereiten würde, hilfreich war.

In der dritten Nacht aber wurde die Qual so groß, dass ich nicht mehr wusste, was tun. Ich war aus unruhigem Schlaf erwacht und ertappte mich gerade noch dabei, wieder ans Münster und an den lieben Gott zu denken. Beinahe hätte ich weitergedacht! Ich fühlte, dass meine Widerstandskräfte nachließen. Ich schwitzte vor Angst und setzte mich im Bett auf, um den Schlaf abzuschütteln: „Jetzt kommt es, jetzt gilt es ernst! *Ich muss denken*. Das muss zuvor ausgedacht werden. Warum soll ich das denken, was ich nicht weiß? Ich will es bei Gott nicht, das steht fest. Aber wer will es? Wer will mich zwingen, etwas zu denken, das ich nicht weiß und nicht will? Woher kommt dieser furchtbare Wille? Und warum sollte gerade ich ihm unterworfen sein? Ich habe mit Lob und Preis an den Schöpfer dieser schönen Welt gedacht, ich war ihm dankbar für dieses unermessliche Geschenk, und warum sollte gerade ich etwas unvorstellbar Böses denken? Ich weiß es wirklich nicht, denn ich kann und darf mich ja nicht einmal in die Nähe dieses Gedankens wagen, ohne zu riskieren, ihn sofort denken zu müssen. Das habe ich nicht gemacht und gewollt. Es ist an mich gekommen wie ein böser Traum. Woher kommen solche Dinge? Es ist mir passiert, ohne mein Zutun. Wieso? Ich habe mich doch nicht selbst geschaffen, sondern ich bin so auf die Welt gekommen, wie mich Gott gemacht hat, d.h. wie ich aus meinen Eltern zustande gekommen bin. Oder haben vielleicht meine Eltern solches gewollt? Meine guten Eltern hätten aber an so etwas überhaupt nie gedacht. So etwas Verruchtes wäre ihnen nie eingefallen."

Ich fand diese Idee geradezu lächerlich. Dann dachte ich an meine Großeltern, die ich nur von ihren Porträts her kannte. Sie sahen wohlwollend und würdig genug aus, um meine Idee von ihrer möglichen Schuld zu entmutigen. Ich durchflog die lange Reihe unbekannter Ahnen, um schließlich bei Adam und Eva anzulangen. Und damit kam der entscheidende Gedanke: Adam und Eva sind die ersten Menschen; sie hatten keine Eltern, sondern sind von Gott direkt und absichtlich so geschaffen worden, wie sie waren. Sie hatten keine Wahl, sondern mussten so sein, wie sie Gott geschaffen hatte. Sie wussten ja gar nicht, wie sie hätten anders sein können. Sie waren vollkommene Geschöpfe Gottes, denn Er schafft nur Vollkommenes, und doch haben sie die erste Sünde begangen, weil sie taten, was Gott nicht wollte. Wieso war das möglich? Sie hätten es gar nicht tun können, wenn Gott die Möglichkeit nicht in sie gelegt hätte. Das geht ja auch hervor aus der Schlange, die Gott schon vor ihnen geschaffen hatte, offenbar zu dem Zweck, dass sie Adam und Eva überreden sollte. Gott in Seiner Allwissenheit hat alles so angeordnet, dass die ersten Eltern die Sünde begehen mussten. *Es war also die Absicht Gottes, dass sie sündigen mussten.*

Dieser Gedanke befreite mich auf der Stelle von meiner ärgsten Qual, denn ich wusste nun, dass Gott selbst mich in diesen Zustand gebracht hatte. Ich wusste zunächst nicht, ob Er damit meinte, ich solle die Sünde begehen oder eben gerade nicht. Ich dachte nicht mehr ans Beten um Erleuchtung, denn Gott hatte mich ohne meinen Willen in diese Situation gebracht und mich ohne Beistand darin gelassen. Ich war sicher, dass ich nach Seiner Meinung selbst und allein den Ausweg suchen musste. Damit hob ein weiteres Argument an: „Was will Gott? Das Tun oder das Nichtstun? Ich muss herausfinden, was Gott will, und zwar jetzt und mit mir.“ Ich wusste zwar, dass es nach der hergebrachten Moral ganz selbstverständlich war, die Sünde zu vermeiden. Das hatte ich eben bis jetzt getan und wusste, dass ich es nicht weiter tun konnte. Mein gestörter Schlaf und meine seelische Not hatten mich so heruntergebracht, dass mein Nichtdenkenwollen zu einem unerträglichen Krampf wurde. Das konnte so nicht weitergehen. Ich konnte aber unmöglich nachgeben, bevor ich verstand, was Gottes Wille war und was Er bezweckte. Ich war nämlich dessen sicher, dass Er der Urheber dieser verzweifelten Schwierigkeit war. Merkwürdigerweise dachte ich nicht einen Moment, dass mir der Teufel einen Streich spielen könnte. Er spielte in meiner damaligen Geistesverfassung eine geringe Rolle und war Gott gegenüber sowieso machtlos.

Etwas vom Moment meines Aus-dem-Nebel-Heraustretens und Ichwerdens an hatten die Einheit, Größe und Übermenschlichkeit Gottes begonnen, meine Fantasie zu beschäftigen. So stand es für mich außer Frage, dass es Gott war, der eine entscheidende Probe mit mir anstellte, und dass alles darauf ankam, Ihn richtig zu verstehen. Ich wusste zwar, dass mein schließliches Nachgeben erzwungen würde; es sollte aber nicht erfolgen ohne mein Verstehen, denn es ging um mein ewiges Seelenheil: „Gott weiß, dass ich nicht mehr lange widerstehen kann, und hilft mir nicht, obwohl ich im Begriff stehe, zu der Sünde, die nicht vergeben wird, gezwungen zu werden. Vermöge Seiner Allmacht könnte Er leicht diesen Zwang von mir wegnehmen. Er tut es aber nicht. Sollte es sein, dass Er meinen Gehorsam prüfen will, indem Er mir die ungewöhnliche Aufgabe stellt, etwas zu tun, wogegen ich mich aus allen Kräften sträube, weil ich die ewige Verdammnis fürchte? Denn ich würde mich gegen mein eigenes moralisches Urteil und gegen die Lehren meiner Religion, ja gegen Sein eigenes Gebot vergehen.

Könnte es sein, dass Gott sehen möchte, ob ich imstande sei, Seinem Willen zu gehorchen, obwohl mich mein Glaube und meine Einsicht mit Hölle und Verdammnis schrecken? Das könnte es wahrhaftig sein! Aber das sind bloß meine Gedanken. Ich kann mich irren. Ich kann es nicht wagen, mich dermaßen meinen eigenen Überlegungen anzuvertrauen. Ich muss es nochmals durchdenken!"

Ich kam aber wieder zum selben Schluss. „Gott will offenbar auch meinen Mut", dachte ich. „Wenn dem so ist und ich tue es, dann wird Er mir Seine Gnade und Erleuchtung geben."

Ich fasste allen Mut zusammen, wie wenn ich in das Höllenfeuer zu springen hätte, und ließ den Gedanken kommen: Vor meinen Augen stand das schöne Münster, darüber der blaue Himmel, Gott sitzt auf goldenem Thron, hoch über der Welt, und unter dem Thron fällt ein ungeheures Exkrement auf das neue bunte Kirchendach, zerschmettert es und bricht die Kirchenwände auseinander.

Das war es also. Ich spürte eine ungeheure Erleichterung und eine unbeschreibliche Erlösung. Anstelle der erwarteten Verdammnis war Gnade über mich gekommen und damit eine unaussprechliche Seligkeit, wie ich sie nie gekannt hatte. Ich weinte vor Glück und Dankbarkeit, dass sich mir Weisheit und Güte Gottes enthüllt hatten, nachdem ich Seiner unerbittlichen Strenge erlegen war. Das gab mir das Gefühl, eine Erleuchtung erlebt zu haben. [...]

Ich war in etwas Übles hineingestoßen, in etwas Böses oder Finsteres, und es war doch zugleich wie eine Auszeichnung. Manchmal verspürte ich einen merkwürdigen Drang zu reden, ohne eigentlich zu wissen wovon. Ich wollte ausprobieren und anfragen, ob andere Leute auch solche Erfahrungen gemacht hätten, oder wollte andeuten, dass es merkwürdige Dinge gäbe, von denen man nichts wisse. Es ist mir nie gelungen, auch nur eine Spur davon bei anderen aufzufinden. So bekam ich das Gefühl, ausgestoßen oder auserwählt, verflucht oder gesegnet zu sein.

Erinnerungen, S. 52 ff.

In allem Chaos ist Kosmos und in aller Unordnung geheime Ordnung, in aller Willkür stetiges Gesetz, denn alles Wirkende beruht auf dem Gegensatz. Um dies zu erkennen, bedarf es des diskriminierenden [urteilenden] Menschenverstandes. GW 9/I, § 66

Denken wir an Teresa von Ávila, der auf der Reise etwas Böses zustößt: Der Reisewagen bricht bei der Überquerung eines kleinen Flusses zusammen, und sie fällt ins kalte Wasser. „Herr, wie kannst du so etwas zulassen?“ – „Ja, so behandle ich meine Freunde.“ – „Aha, deswegen hast du so wenige.“ Teresa ist in eine Situation hineingestellt, wo das, in diesem Falle, physisch Böse an sie herantritt, sie weiß nicht, wie sie das „einordnen“ soll, spürt aber auch dabei die unmittelbare Gottesgegenwart. Da treten eben „principia“, „Urmächte“ an den Menschen heran, versetzen ihn in eine numinose Situation, in der es keine rein verstandesmäßige Lösung gibt, in der der Mensch nicht sich als der „Macher" und Herr der Situation fühlt, sondern Gott als den „Macher" solch einer Situation empfindet. Niemand kann voraussehen, was dann geschieht. Wir können oft nicht sagen, wie in solchen Situationen das Problem Gut und Böse sich löst. Wir sind da auf höhere Mächte angewiesen. **GW 10, § 883**

Das Kriterium des ethischen Handelns kann nicht mehr darin bestehen, dass das, was man als „gut" erkennt, den Charakter eines kategorischen Imperativs besitzt, und dass das sogenannte Böse unbedingt vermeidbar ist. Durch die Anerkennung der Wirklichkeit des Bösen wird das Gute als die eine Hälfte eines Gegensatzes notwendigerweise relativiert. Das Gleiche gilt für das Böse. Beide zusammen bilden nun ein paradoxes Ganzes. Praktisch heißt das, dass Gut-Böse ihren absoluten Charakter verlieren und wir gezwungen sind, uns darauf zu besinnen, dass sie *Urteile* darstellen.

Erinnerungen, S. 358

Wenn wir beobachten, wie Menschen, die mit einer ethisch zu bewertenden Situation konfrontiert sind, sich benehmen, so sehen wir dabei einen seltsamen Doppeleffekt: Man sieht plötzlich beide Seiten. Diese Menschen werden nicht nur ihrer moralischen Minderwertigkeiten gewahr, sondern automatisch auch ihrer guten Seiten. Sie sagen mit Recht: „So scheußlich bin ich doch auch nicht." Einen Menschen seinem Schatten gegenüberstellen heißt, ihm auch sein Lichtes zeigen. Wenn man das einige Male erfahren hat, wenn man urteilend *zwischen* den Gegensätzen steht, dann spürt man unvermeidlicherweise, was mit dem eigenen Selbst gemeint ist. Wer zugleich seinen Schatten und sein Licht wahrnimmt, sieht sich von zwei Seiten, und damit *kommt er in die Mitte.* **GW 10, § 872**

Trotzdem können wir das Urteilen nicht einfach unterlassen. Wenn wir etwas, was uns schlecht erscheint, gut nennen, so ist der Effekt eine Lüge. Wenn ich einem Menschen sage: „Was Sie geschrieben haben, ist ein Meisterwerk", dabei aber denke, es tauge nichts, so ist das eine Lüge. Vielleicht wirkt sie auf diesen Menschen im Augenblick sogar positiv, und er fühlt sich geschmeichelt. Wirklich aufbauend aber wirkt im Grunde nur, wenn ich einem Menschen das Beste gebe, nämlich eine positive Anerkennung, die aus Überzeugung stammt und dazu im richtigen Moment gegeben wird. Wenn wir emphatische Urteile fällen, so sind wir in einer emotionalen Verfassung, in der wir am allerwenigsten gültige Maßstäbe anlegen können.

GW 10, § 863

Ohne es zu wollen, sind wir als Menschen in Situationen gestellt, wo uns die „principia" [von Gut und Böse] in irgendetwas verwickeln, in Situationen, in denen Er es mir überlässt, wie ich mich daraus herausziehe. Manchmal zeigt sich ein klarer Weg mit Seiner Hilfe, aber wenn es wirklich drauf und dran kommt, hat man das Gefühl, man sei von allen guten Geistern verlassen. In kritischen Situationen fehlt dem Helden immer seine Waffe, in einem solchen Moment sind wir wie vor dem Tode konfrontiert mit der Nacktheit dieser Tatsache. Und man weiß nicht, wie man dazu gekommen ist. Tausend Schicksalsverknüpfungen führen einen plötzlich in eine solche Lage. Das ist symbolisch dargestellt im Kampf von Jakob mit dem Engel. Da kann der Mensch gar nicht anders, als sich zu stellen. Es ist die Situation, wo er herausgefordert ist, als Ganzer zu reagieren. Nun kann es auch sein, dass er sich nicht mehr an die Paragrafen eines vorgegebenen Moralgesetzes halten kann. Damit fängt vielleicht seine allerpersönlichste Ethik an: in der ernsten Konfrontation mit dem Absoluten, im Einschlagen eines Weges, den die landläufigen Moralparagrafen und die Hüter des Gesetzes verurteilen. Und doch spürt der Mensch, dass er vielleicht nie seinem innersten Wesen und Ruf und damit dem Absoluten treuer gewesen ist. **GW 10, § 869**

Ich habe oft erfahren, dass ich eine – wie mir schien – absolut schädliche Tendenz eines Patienten aus der Welt schaffen wollte, und in einem tieferen Sinne war es eben gerade richtig, dass er ihr folgt. Ich will zum Beispiel einen Menschen davor bewahren, dass er in eine Todesgefahr hineinläuft. Wenn mir das gelingt, so denke ich, das sei eine therapeutische Leistung gewesen. Nachher aber sehe ich – wenn er meinem Rat nicht folgt – dass es eben richtig war, dass er in diese Gefahr geriet. Da tauchte die Frage auf: Musste er nicht in die Todesgefahr hinein? Wenn er sich nicht gewagt, sein Leben nicht riskiert hätte, wäre er vielleicht um eine für ihn allerwichtigste Erfahrung ärmer. Er hätte nie sein Leben eingesetzt und es deshalb nie gewonnen.

GW 10, § 865

Meine Einstellung diesem Problem gegenüber ist empirisch, nicht theoretisch und aprioristisch. Wenn der Patient zum Therapeuten kommt, so hat er einen Konflikt, und es handelt sich darum, diese Konfliktsituation, die oft unbewusst ist, aufzudecken, vor allem aber, einen Weg aus dem Konflikt zu finden. Da ist wohl nichts anderes möglich, als dass ich vorsichtig mir sage: Wir wissen nicht genau, was da gespielt wird. Es scheint so oder so zu sein – aber kann man nicht dem Tatbestand mit Recht auch eine andere Deutung geben? Die Sache erscheint einem vielleicht zunächst negativ zu sein, aber dann sieht man, dass schicksalsmäßig gerade dies dem Patienten zustoßen musste. So sage ich höchstens: Ich hoffe zu Gott, dass ich jetzt das Richtige tue.

GW 10, § 864

Es gibt [...] Menschen, die ihre guten Eigenschaften verdrängen und allen infantilen Wünschen bewusst und in aller Breite nachgeben. Die Aufhebung der persönlichen Verdrängungen bringt zunächst rein persönliche Inhalte ins Bewusstsein, aber daran hängen auch die kollektiven Elemente des Unbewussten, die allgemein vorhandenen Triebe, Qualitäten und Ideen (Bilder) und zudem alle jene „statistischen“ Teilbeträge von durchschnittlicher Tugend und durchschnittlichem Laster. „Jedermann hat in sich etwas von einem Mörder, vom Dieb“ usw., wie man zu sagen pflegt. So kommt schließlich ein lebendiges Bild zustande, das so ziemlich alles enthält, was sich auf dem weiß-schwarzen Brett der Welt bewegt, das Gute sowohl wie das Böse. Allmählich bereitet sich auf diese Weise eine von vielen Naturen als sehr positiv empfundene Ähnlichkeit mit der Welt vor, die gegebenenfalls auch das entscheidende Moment in der Kur [Analyse] bedeutet. Ich habe einige Fälle gesehen, denen es in diesem Moment zum ersten Mal im Leben gelungen ist, Liebe zu erwecken und selbst Liebe zu empfinden; oder die in anderer Beziehung den Sprung ins Ungewisse gewagt haben. **GW 7, § 457**

Wie sich das Bewusstsein die Frage vorlegen kann: Warum besteht dieser furchtbare Konflikt zwischen Gut und Böse?, so kann das Unbewusste darauf antworten: „Schau dir’s genau an: die beiden haben einander nötig; auch im Besten, ja geradezu im Besten ist der Keim des Bösen, und nichts ist so schlecht, dass nicht ein Gutes daraus erfolgen könnte.“ **GW 7, § 289**

Erst diese schwere Arbeit [die Auseinandersetzung mit den Inhalten des Unbewussten überhaupt] lässt in zunehmendem Maß erkennen, dass hinter all dem grausamen Spiel mit menschlichem Schicksal etwas steckt wie geheime Absicht, die einer überlegenen Kenntnis der Lebensgesetze zu entsprechen scheint. Gerade das zunächst Unerwartete, das beängstigend Chaotische enthüllt tiefen Sinn. [...] Es entstehen allmählich Dämme gegen die Flut des Chaos; denn das Sinnvolle scheidet sich vom Sinnlosen, und dadurch, dass Sinn und Unsinn nicht mehr identisch sind, wird die Kraft des Chaos durch die Entnahme von Sinn und Unsinn geschwächt und der Sinn mit der Kraft des Sinnes und der Unsinn mit der Kraft des Unsinnes ausgerüstet. Damit entsteht ein neuer Kosmos. Damit ist nicht etwa eine neue Entdeckung der medizinischen Psychologie gemeint, sondern die uralte Wahrheit, dass aus der Fülle der Lebenserfahrungen jene Lehre hervorgeht, die der Vater dem Sohn übergibt.

GW 9/I, § 64

Wäre das Unbewusste – wie es viele zu haben wünschen – nur nefast, nur böse, so wäre die Situation einfach und der Weg klar; man täte das Gute und miede das Böse. Aber was ist *gut* und was ist *böse*? Das Unbewusste ist nicht nur bloß naturhaft und böse, sondern auch die Quelle höchster Güter; es ist nicht nur dunkel, sondern auch hell, nicht nur tierisch, halbmenschlich und dämonisch, sondern auch übermenschlich, geistig und „göttlich“ (im antiken Sinn dieses Wortes). Der Mercurius, der eben das Unbewusste personifiziert, ist essenziel „duplex“, eine paradoxe Doppelnatur, Teufel, Monstrum, Tier und zugleich Heilmittel, „Sohn der Philosophen“, Sapientia Dei und donum Spiritus Sancti [Weisheit Gottes; Gabe des Heiligen Geistes]. **GW 16, § 389**

Beseeltes Wesen ist lebendiges Wesen. Seele ist das Lebendige im Menschen, das aus sich selbst Lebende und Leben Verursachende; darum blies Gott dem Adam einen lebendigen Odem ein, damit er lebe. Die Seele verführt die nicht lebenwollende Trägheit des Stoffes mit List und spielerischer Täuschung zum Leben. Sie überzeugt von unglaubwürdigen Dingen, damit das Leben gelebt werde. Sie ist voll von Fallstricken und Fußangeln, damit der Mensch zu Fall komme, die Erde erreiche, sich dort verwickle und daran hängen bleibe, damit das Leben gelebt werde, wie schon Eva im Paradies es nicht lassen konnte, Adam von der Güte des verbotenen Apfels zu überzeugen. Wäre die Bewegtheit und das Schillern der Seele nicht, der Mensch würde in seiner größten Leidenschaft, der Trägheit, zum Stillstand kommen. Eine gewisse Art von Vernünftigkeit ist ihr Anwalt, und eine gewisse Art von Moralität gibt dazu ihren Segen. Seele zu haben, ist das Wagnis des Lebens, denn die Seele ist ein lebensspendender Dämon, der sein elfisches Spiel unterhalb und oberhalb der menschlichen Existenz spielt, deshalb ist er innerhalb des Dogmas auch mit einseitigen Strafen und Segnungen bedroht und propitiiert, welche weit über menschenmögliches Verdienst hinausgehen. Himmel und Hölle sind Schicksale der Seele und nicht des zivilen Menschen, der in seiner Blöße und Blödigkeit in einem himmlischen Jerusalem gar nichts mit sich anzufangen wüsste. **GW 9/I, § 56**

Von Gewissensbissen und wozu sie dienen

[Das] schlechte Gewissen hat die unangenehme Eigenschaft einer schleichenden Krankheit und versetzt die Menschen in einen Zustand des Unbehagens.

GW 11, § 86

Es gibt kaum ein anderes psychisches Phänomen, das die Polarität der Seele deutlicher ins Licht stellt als das Gewissen. Seine unzweifelhafte Dynamik kann man, wenn man überhaupt etwas davon verstehen will, nicht anders als energetisch auffassen, das heißt als ein auf Gegensätzen beruhendes Potenzial. Das Gewissen bringt die stets und notwendigerweise vorhandenen Gegensätze zur bewussten Wahrnehmung. Es wäre der größte Irrtum, anzunehmen, dass man sich dieser Gegensätzlichkeit je entledigen könnte, denn sie ist ein unerlässliches Strukturelement der Psyche. Auch wenn man die moralische Reaktion zum Beispiel durch Dressur aufheben könnte, so würden sich die Gegensätze einfach einer anderen als der moralischen Ausdrucksweise bedienen.

GW 10, § 844

Das Gewissen nämlich ist von vielen und seit alters eher als eine göttliche Intervention denn als eine psychische Funktion verstanden worden; ja, sein Diktum galt als vox Dei, als Gottesstimme. **GW 10, § 839**

Unser Wissen um Gut und Böse hat sich mit steigender Erkenntnis und Erfahrung vermindert und wird sich in Zukunft noch viel mehr vermindern, ohne dass wir uns der ethischen Forderung entledigen könnten. In dieser äußersten Unsicherheit bedürfen wir der Erleuchtung aus einem heiligen und ganzmachenden Geist, der alles andere sein kann, nur nicht gerade unser Verstand. **GW 11, § 267**

Ich wusste ja aus Erfahrung, dass die Gnade nur dem zuteilwird, der den Willen Gottes unbedingt erfüllt. Das wurde zwar auch gepredigt, aber immer mit der Voraussetzung, dass der Wille Gottes durch die Offenbarung bekannt sei. Mir hingegen kam er als das Allerunbekannteste vor. Mir schien es, als ob man eigentlich täglich den Willen Gottes erforschen müsse. Ich tat es zwar nicht, aber es war mir sicher, dass ich es tun würde, sobald sich ein dringender Anlass dazu präsentierte. **Erinnerungen, S. 61**

Wo das Gewissen scheinbar keine Rolle spielt, erscheint es indirekt in Form von Zwangssymptomen. In allen diesen Erscheinungsweisen drückt sich die Tatsache aus, dass die moralische Reaktion einer autonomen Dynamik entspricht, welche passenderweise als Daimon, Genius, Schutzengel, „besseres Ich", Herz, innere Stimme und innerer oder höherer Mensch bezeichnet wird. Unmittelbar daneben, das heißt neben dem positiven sogenannten „richtigen" Gewissen, steht das negative, sogenannte „falsche" Gewissen und wird als Teufel, Verführer, Versucher, böser Geist usw. bezeichnet. Mit dieser Tatsache ist jedermann konfrontiert, der sich von seinem Gewissen Rechenschaft gibt, und zwar muss er zugeben, dass das Maß des Guten das des Bösen bestenfalls nur um ein weniges überragt, wenn überhaupt. Es ist daher ganz in der Ordnung, wenn ein Paulus sich zu seinem „Satansengel" bekennt (2. Korintherbrief 12,7). **GW 10, § 843**

Es schien mir oft, als ob man die religiösen Vorschriften sogar anstelle des Gotteswillens, der ja so unerwartet und erschreckend sein konnte, setzte, und zwar zu dem Zweck, den Gotteswillen nicht verstehen zu müssen. Ich wurde immer skeptischer, und die Predigten meines Vaters und anderer Pfarrer wurden mir peinlich. Alle Menschen meiner Umgebung schienen den Jargon und die dichte Dunkelheit, die er ausstrahlte, als selbstverständlich zu empfinden und gedankenlos alle Widersprüche zu schlucken, wie z. B. dass Gott allwissend sei und natürlich die Menschheitsgeschichte vorausgesehen habe. Er hat die Menschen so geschaffen, dass sie sündigen mussten, und trotzdem verbietet Er die Sünde und bestraft sie sogar mit ewiger Verdammnis in der Feuerhölle. **Erinnerungen, S. 61**

Unglücklicherweise gibt es keinen Zweifel an der Tatsache, dass der Mensch im Ganzen genommen weniger gut ist, als er sich einbildet oder zu sein wünscht.

GW 11, § 131

Selbstkritik als instrospektive, diskriminierende Tätigkeit ist unerlässlich für jeden Versuch, die eigene Psychologie zu verstehen. Wenn man etwas getan hat, was einem unerklärlich ist, und man fragt, was einen dazu veranlasst haben könnte, braucht man den Antrieb des schlechten Gewissens und die diesem entsprechende unterscheidende Fähigkeit, um den Beweggrund des eigenen Verhaltens zu entdecken. Nur so ist man fähig zu sehen, welche Motive das eigene Handeln beherrschen. Der Stachel des schlechten Gewissens spornt einen sogar an, Dinge zu entdecken, die vorher unbewusst waren, und auf diese Weise kann man die Schwelle des Unbewussten überschreiten und so jener unpersönlichen Kräfte gewahr werden, die den Einzelnen zum unbewussten Instrument des Massenmörders im Menschen machen. **GW 11, § 86**

Es bestehen in dieser Hinsicht sehr irrige Auffassungen über den Wert und die Bedeutung unbewusster Inhalte. Wie bekannt, sieht die Freud'sche Auffassung das Unbewusste in einem durchaus negativen Licht, wie auch der primitive Mensch nach der Meinung jener Schule sozusagen ein Ungeheuer ist. Die Ammenmärchen vom fürchterlichen Urmenschen zusammen mit der Lehre vom infantil-pervers-kriminellen Unbewussten haben es vermocht, das Naturding, welches das Unbewusste eigentlich ist, als ein gefährliches Monstrum erscheinen zu lassen. Wie wenn alles Gute, alles Vernünftige, alles Lebenswerte und alles Schöne im Bewusstsein angesiedelt wäre! Hat uns der Weltkrieg mit seinen Gräueln die Augen wirklich noch nicht weiter geöffnet, sodass wir immer noch nicht sehen können, dass unser Bewusstsein noch teuflischer und perverser ist als das Naturwesen des Unbewussten? **GW 16, § 327**

Der Mensch vergisst immer wieder, dass etwas, das einstmals gut war, nicht für immer und ewig gut bleibt. Er geht aber die alten Wege, die einstmals gut waren, noch lange, wenn sie schon schlecht geworden sind, und er kann sich nur mit den größten Opfern und unter unerhörten Mühen damit abfinden, dass das einstmals Gute heute vielleicht alt geworden und nicht mehr gut ist. Es geht ihm so im Kleinen wie im Großen. Die Wege und Weisen seiner Kindheit, die einstmals gut waren, kann er kaum ablegen, auch wenn ihre Schädlichkeit längst erwiesen ist. **GW 6, § 313**

Die Gegensatzspannung, welche Energie ermöglicht, ist ein Weltgesetz, passend ausgedrückt durch das yang und yin der chinesischen Philosophie. Gut und Böse sind Wertgefühle des menschlichen Bereiches, welche wir über diesen hinaus schlechterdings nicht ausdehnen können. Jenseits davon ist es ein Geschehen, das unserem Urteil entzogen ist. **GW 11, § 291**

Soweit die traditionellen Moralvorschriften reichen, ist es praktisch kaum möglich, das Gewissen von ihnen zu unterscheiden, weshalb auch öfters die Meinung aufgekommen ist, dass das Gewissen überhaupt nichts anderes sei als die suggestive Wirkung der moralischen Präzepte und dass es mithin gar nicht existieren würde, wenn keine Moralgesetze erfunden worden wären. Das Phänomen, das wir „Gewissen" nennen, finden wir überall im Bereich des Menschen. Ob sich nun einer ein „Gewissen daraus macht", dass er das rohe Fell mit einem Eisenmesser statt, wie er eigentlich sollte, mit einem Steinmesser schabt, oder einen Freund in der Not verlässt, dem er eigentlich helfen sollte, beide Male handelt es sich um einen inneren Vorwurf, um einen „Gewissensbiss", und in beiden Fällen ist es das Abweichen von einer durch langen Gebrauch inveterierten Gewohnheit oder allgemeingültigen Regel, das etwas wie einen Schock auslöst. **GW 10, § 836**

Diese Paradoxie oder innere Widersprüchlichkeit des Gewissens ist ja schon seit Langem den Erforschern dieser Frage wohlbekannt: Neben dem „richtigen“ gibt es ein „falsches“ Gewissen, das übertreibt, verdreht und Böses in Gutes und umgekehrt verfälscht, wie es zum Beispiel die Bekannten Gewissensskrupeln tun, und zwar mit derselben Nötigung und denselben emotionalen Begleiterscheinungen wie das richtige Gewissen. Ohne die Paradoxie wäre die Gewissensfrage überhaupt kein Problem, denn man könnte sich dann in moralischer Hinsicht ganz auf den Entscheid des Gewissens verlassen. Da aber in dieser Hinsicht große und berechtigte Unsicherheit besteht, so braucht es schon ungewöhnlichen Mut oder – was beinahe das Gleiche ist – unerschütterlichen Glauben, wenn einer seinem eigenen Gewissen schlechthin folgen möchte. In der Regel gehorcht man seinem Gewissen aber nur bis zu einer bestimmten Grenze, die nämlich durch den Sittenkodex von vorneherein gegeben ist. Hier beginnen nämlich die gefürchteten Pflichtenkollisionen, die meistens nach den Präzepten des Sittenkodex beantwortet, von den Wenigsten aber wirklich durch einen individuellen Urteilsakt entschieden werden. Sobald es nämlich nicht mehr vom Moralkodex gestützt ist, erleidet das Gewissen leicht einen Schwächeanfall. **GW 10, § 835**

Von der Sünde

Keinen Konflikt, kein Leiden, keine Sünde scheuend, strebe die göttliche Neugier nach der Geburt. Unbewusstheit ist die Ursünde, das Böse schlechthin für den Logos. **GW 9/I, § 178**

Das möchte ich entschieden auch einmal wissen, was denn eigentlich Sünde ist, wo doch die Theologie seit Jahrtausenden davon spricht. In meiner theologischen Unvoreingenommenheit würde ich sagen, darüber habe nur der liebe Gott zu entscheiden, wie es auch in der Apostelgeschichte deutlich zu lesen steht. Das andere ist menschliche Gesetzgebung in ihrer ganzen zeitbedingten Relativität. **Briefe I, S. 292**

Die Legende vom Sündenfall enthält eine tiefe Lehre; ist sie doch der Ausdruck eines dunklen Gefühls, dass die Emanzipation des Ichbewusstseins eine luziferische Tat darstellt. Die menschliche Weltgeschichte besteht von Anfang an in einer Auseinandersetzung des Minderwertigkeitsgefühls mit der Selbstüberhebung.

Die Weisheit sucht die Mitte und büßt dieses kühne Unterfangen durch eine missliche Verwandtschaft mit Dämon und Tier und leidet darum an moralischer Missdeutbarkeit. **GW 9/I, § 420**

Dieser Tatbestand vernichtet alle Hoffnung auf eine einfache Lösung. Alle Definitionen von Gut und Böse werden fragwürdig oder geradezu ungültig. Als moralische Mächte bleiben Gut und Böse unerschüttert und als einfache Tatbestände, wie sie das Strafgesetzbuch, der Dekalog und die traditionelle christliche Moral auffassen, unbezweifelt. Aber Pflichtenkollisionen sind weit feinere und gefährlichere Dinge, und ein geschärftes Gewissen, das mehr weiß von Menschen und Dingen, kann sich nicht mehr auf Paragrafen, Begriffen und schönen Worten ausruhen. Durch die Auseinandersetzung mit jenem zukunftsträchtigen, der Entwicklung bedürftigen Rest an Unseele ist es beunruhigt und sucht nach einer Leitlinie oder einem Fixpunkt. **GW 16, § 390**

Der ganze Sinn der Sünde ist, dass wir sie tragen. Was nutzt eine Sünde, wenn man sie einfach abwerfen kann? Wenn wir uns unserer Sünde gründlich bewusst sind, müssen wir sie tragen, mit ihr leben, wir sind sie selbst. Anderenfalls verleugnen wir unseren Bruder, unseren Schatten, das Unvollkommene in uns, das uns folgt und alles tut, was wir verabscheuen, all die

Dinge, für die wir zu feige oder zu anständig sind. Er begeht die Sünde, und wenn dieser Bursche verleugnet wird, dann wird er ins kollektive Unbewusste abgedrängt und verursacht dort Störungen. Denn es ist gegen die Natur. Wir sollten in Kontakt mit unserem Schatten sein, wir sollten sagen: „Ja, du bist mein Bruder, ich muss dich akzeptieren." Wir sollten nett zu uns selbst sein und nicht zu unserem Bruder sagen: „Racha, ich habe nichts mit dir zu tun" [Mt 5,22]. Es ist ein Fehler, den Schatten zu verleugnen. Wenn wir es tun, dann wird eine Reaktion des kollektiven Unbewussten in Gestalt einer Personifikation aus dem Dunkeln auftauchen. Der Fromme sagt zu sich selbst: „Nein, nicht das!" und schiebt den Schatten weg und ist mit sich zufrieden. Dann steigen plötzlich merkwürdige Bilder, sexuelle Fantasien aus dem Abgrund herauf; je frommer er ist, desto schlimmer sind die Dinge, die ihn überfallen. Er ist eine Art hl. Antonius – ein so frommer Mann muss schreckliche Visionen gehabt haben. Vielleicht kommt ihm eine Frau in den Sinn; das ist die aufsteigende Anima, gewöhnlich eine nackte Frau, schrecklich natürlich. Es ist die Natur, die ein Tabu durchbricht, die Rache des kollektiven Unbewussten. [...] Menschen verhalten sich, wie sich Dämonen verhalten würden, wenn sie aus dem Abgrund heraufkommen könnten: „*Homo homini lupus*", der Mensch ist dem Menschen ein Wolf [...].

Traumanalyse, S. 103 f.

Einem der alten Kirchenväter ließ es keine Ruhe, dass bestimmte fromme Männer gesündigt hatten, auch nachdem sie getauft und erlöst waren. Er zog daraus den Schluss, dass die Taufe nicht richtig vollzogen worden sei, dass an dem Ritual etwas nicht in Ordnung sein müsse und dass deshalb Menschen, die wieder sündigten, nochmals getauft werden müssten, quasi ein zweites Mal moralisch sterilisiert. Aber immer noch waren arme Teufel darunter, die sündigten. Da gab er sie als hoffnungslos auf und entschied, dass das eben verlorene Seelen auf dem Weg zur Hölle seien! Das ist die christliche Vorstellung, dass wir mit einem großen Sprung ins Himmelreich gelangen. Das ist nicht richtig; diese Idee einer plötzlichen Reform ist falsch. Wir können nicht aus unserer Sünde herausspringen und alle Lasten abwerfen. **Traumanalyse, S. 103**

Wenn das persönliche Unbewusste aufgeklärt ist, dann ist kein besonderer Druck vorhanden, und wir werden nicht in Angst versetzt; wir bleiben allein, lesen, gehen spazieren, rauchen, und nichts geschieht, alles in Ordnung; wir sind mit der Welt im Reinen. Aber es kann immer noch eine unabhängige Aktivität im kollektiven Unbewussten wirksam sein, bedingt durch irgendeine falsche Einstellung im Bewusstsein. Wir sind uns zwar unserer persönlichen wie ästhetischen wie moralischen Mängel bewusst, aber die bewusste Einstellung kann irgendwie falsch sein. Zum Beispiel: Wir wissen etwa, dass wir nicht ganz zuverlässig sind, und wir denken: „Ich darf nicht unzuverlässig sein, ich muss es leugnen, ich muss in einen erlösten Zustand springen; von heute an muss ich vertrauenswürdig sein, ich werde das nie wieder tun, ich bin jetzt erlöst." Aber es funktioniert nicht, und am nächsten Tag tun wir dieselben alten Dinge.

Traumanalyse, S. 103

Wenn wir berücksichtigen, unter welchen psychologischen oder sittengeschichtlichen Bedingungen das Christentum zustande gekommen ist, nämlich in einer Zeit, wo tiefste Roheit ein alltägliches Spektakel war, so verstehen wir die religiöse Ergriffenheit der ganzen Persönlichkeit und den Wert der Religion, die den Menschen der römischen Kultur gegen den sichtbaren Ansturm des Bösen verteidigte. Es war für jene Menschen nicht schwierig, sich für die Sündhaftigkeit bewusst zu halten, denn sie sahen sie alltäglich vor ihren Augen ausgebreitet. **GW 5, § 105**

Die von Tertullian tief empfundene Erfahrung, dass der Mensch auch nach der Taufe die Sünde nicht vermeiden kann, wurde bei Augustin, der in vielen Beziehungen Tertullian nicht unähnlich ist, zu jener durchaus charakteristischen, pessimistischen Lehre der Erbsünde, deren Wesen in der seit Adam vererbten *concupiscentia* [Begierde] besteht.

Der Tatsache der Erbsünde gegenüber stand bei Augustin die erlösende Gnade Gottes mit der durch sie geschaffenen Institution der Kirche, welche die Erlösungsmittel verwaltete. In dieser Auffassung steht der Wert des Menschen sehr tief. Er ist eigentlich nichts als ein armseliges, verworfenes Geschöpf, das dem Teufel unter allen Umständen verfallen ist, wenn er nicht durch das Medium der alleinseligmachenden Kirche der göttlichen Gnade teilhaftig wird. Damit fiel nicht nur der Wert, sondern auch die sittliche Freiheit und Selbstbestimmung des Menschen mehr oder weniger weg, wodurch allerdings der Wert und die Bedeutung der *Idee* der Kirche umso mehr stieg, was dem in der augustinischen *civitas Dei* [Gottesstaat] ausgesprochenen Programm entsprach.

Einer solch erdrückenden Auffassung gegenüber erhebt sich immer wieder das Gefühl der Freiheit und des sittlichen Wertes des Menschen, das auf die Länge sich von keiner noch so tiefen Einsicht oder noch so scharfen Logik unterdrücken lässt. Das Recht des menschlichen Wertgefühles fand seinen Verteidiger in Pelagius, einem britannischen Mönch, und seinem Schüler Caelestius. Ihre Lehre gründete sich auf die sittliche Freiheit des Menschen als auf eine gegebene Tatsache.

GW 6, § 33 f.

Sobald es dem menschlichen Geiste gelungen war, die Idee der Sünde zu erfinden, entstand das psychisch Verborgene, in analytischer Sprache: das Verdrängte. Das Verborgene ist Geheimnis. Der Besitz an Geheimnissen wirkt wie ein seelisches Gift, das den Träger des Geheimnisses der Gemeinschaft entfremdet.

GW 16, § 124

Man sollte zwar die „Sünde" vermeiden und kann es auch bisweilen, verfällt aber beim nächsten Schritt schon, wie die Erfahrung zeigt, wiederum derselben. Nur Unbewusste und Kritiklose können sich einbilden, in einem dauernden Zustande des moralischen Gutseins zu verharren. Weil die meisten der Selbstkritik ermangeln, so bildet andauernde Selbsttäuschung die Regel. Ein entwickelteres Bewusstsein bringt den latenten moralischen Konflikt an den Tag oder verschärft die schon bewussten Gegensätze. Grund genug, Selbsterkenntnis und Psychologie überhaupt zu scheuen und die Seele mit Geringschätzung zu behandeln!

GW 10, § 843

Es gibt unter Menschen, die allgemein als normal gelten, eine große Anzahl solcher, die ein „skeleton in the cupboard" [Gerippe im Schrank] bewahren, dessen Existenz man bei Todesstrafe vor ihnen nicht erwähnen darf: so groß ist ihre Furcht vor dem lauernden Gespenst.

GW 8, § 208

Schattenarbeit

Das Gute wird durch Übertreibung nicht besser, sondern schlechter, und ein kleines Übel wird durch Nichtbeachtung und Verdrängung ein großes. Der Schatten gehört nun einmal zur menschlichen Natur, und nur in der Nacht gibt es keine Schatten.

GW 11, § 286

Die dialektische Auseinandersetzung im Prozess der psychischen Behandlung führt konsequenterweise zur Konfrontation des Patienten mit seinem Schatten, jener dunkeln Hälfte der Seele, deren man sich je und je durch Projektion entledigt hat: entweder dadurch, dass man seinen Nachbarn in engerem oder weiterem Sinne mit all den Untugenden belastet, die man offenkundigerweise selbst hat, oder dass man seine Sünden mittels „contritio“ [vollkommene Reue] oder – sanfter – der „attritio“ [unvollkommene Reue] einem göttlichen Mittler überlässt. Man weiß zwar, dass es ohne Sünde keine Bereuung und ohne Bereuung keine erlösende Gnade gibt, ja, dass ohne „peccatum originale“ [Erbsünde] der Welterlösungsakt niemals hätte in Szene gehen können. Aber man unterlässt es geflissentlich, zu untersuchen, ob nicht gerade in der Macht des Bösen ein besonderer Gotteswille liege, welchen wahrzunehmen man allen Grund hätte. Wenn man es wie der Seelenarzt mit Menschen zu tun hat, die ihrem schwärzesten Schatten gegenübergestellt sind, so fühlt man sich oft unmittelbar zu einer solchen Anschauung gedrängt. **GW 12, § 36**

Spricht man vom Guten oder Bösen, so spricht man konkret von einem Tatbestand, dessen tiefste Qualität wir in Wirklichkeit nicht kennen. Ob etwas als böse und schuldhaft erlebt wird, ist zudem vom subjektiven Urteil abhängig, ebenso wie auch das Maß und die Schwere der Schuld.

Sie kennen wohl jene witzige Geschichte von dem Beichtvater in Texas, zu dem ein junger Mann mit furchtbar langem Gesicht kommt. „What's the matter?" (Was ist los?) – „Something terrible happened" (Etwas Schreckliches ist passiert). – „But what happened?" (Was denn?) – „Murder" (Ich hab' gemordet). – „How many?" (Wie viele?) – Das zeigt, wie verschieden die beiden den gleichen Tatbestand empfinden, die gleiche Wirklichkeit. Einen bestimmten Tatbestand nenne ich böse, oft ohne die Sicherheit zu haben, dass er auch in Wirklichkeit böse ist. Gewisse Dinge erscheinen mir böse, ohne es aber in der Wirklichkeit zu sein. – Ich bin schon oft in die Lage gekommen, dass ich einen Patienten entließ und mir hätte die Haare ausreißen mögen, weil ich vermeinte, ihm Unrecht getan zu haben. Vielleicht war ich zu brutal oder habe ihm nicht das Richtige gesagt. Dann kommt er das nächste Mal und sagt mir: „Das war eine wunderbare Stunde. Gerade das war es, was ich hören musste." Auch das Umgekehrte kann passieren. Ich denke, dass es eine ausgezeichnete Stunde gewesen sei, eine sehr geglückte Traumdeutung zum Beispiel – und es erweist sich als das Falsche. **GW 10, § 860 f.**

Man hat der Freud'schen Psychoanalyse vorgeworfen, sie befreie die (glücklicherweise) verdrängten animalischen Triebregungen des Menschen und könne damit unabsehbares Unheil anrichten. Aus dieser Befürchtung geht mit Evidenz hervor, wie wenig man der Wirksamkeit der heutigen Moralprinzipien zutraut. Man gibt sich den Anschein, als ob nur die gepredigte Moral den Menschen von der Zügellosigkeit zurückhalte; ein viel wirksameres Regulativ ist aber die Not, welche Wirklichkeitsgrenzen setzt, die viel überzeugender sind als alle Moralgrundsätze. Es ist richtig, dass die Psychoanalyse die animalischen Triebe bewusst macht, aber nicht, wie Einzelne interpretieren, um sie direkt einer zügellosen Freiheit zu überlassen, sondern um sie einem sinnvollen Ganzen einzuordnen. Es ist nämlich unter allen Umständen ein Vorteil, im Vollbesitz seiner Persönlichkeit zu sein; denn sonst treten einem die verdrängten Inhalte nur an anderen Orten hindernd in den Weg, und zwar nicht etwa an unwesentlichen, sondern gerade an den empfindlichsten Stellen. Wenn die Menschen aber dazu erzogen werden, die Schattenseite ihrer Natur deutlich zu sehen, so ist zu hoffen, dass sie auf diesem Weg auch ihre Mitmenschen besser verstehen und lieben lernen.

Eine Abnahme der Heuchelei und eine Zunahme der Selbsterkenntnis können nur gute Folgen haben für die Berücksichtigung des Nächsten, denn nur allzu leicht ist man geneigt, die Unbilligkeit und Vergewaltigung, die man der eigenen Natur antut, auch auf die Mitmenschen zu übertragen. **GW 7, § 28**

Der Doppelaspekt der Anima hängt damit zusammen, dass alle Wirkungen des kollektiven Unbewussten doppeldeutig sind. So ist sie nicht nur Übermittlerin guter, sondern auch böser Einflüsse. In Tat und Wahrheit ist sie nicht selten der böseste Dämon im Leben des Mannes. **Briefe II, S. 105**

Die Konfrontation mit der dunkeln Hälfte der Persönlichkeit, mit dem „Schatten", ergibt sich von selbst in jeder einigermaßen gründlichen Behandlung. Dieses Problem ist so wichtig wie das der Sünde in der Kirche. Der offene Konflikt ist unvermeidlich und peinlich. Ich bin schon oft gefragt worden: „Und was tun Sie damit?" Ich tue nichts; ich kann gar nichts tun, als mit einem gewissen Gottvertrauen abwarten, bis aus einem mit Geduld und Tapferkeit ertragenen Konflikt sich diejenige, von mir nicht vorauszusehende Lösung ergibt, welche diesem Menschen beschieden ist. Ich bin allerdings dabei nicht passiv oder untätig, sondern helfe dem Patienten, alle jene Dinge zu verstehen, welche das Unbewusste während der Dauer des Konfliktes produziert. Man darf es mir glauben, dass dies keine Gewöhnlichkeiten sind. Es gehört vielmehr zum Bedeutendsten, was mir jemals unter die Augen gekommen ist. Auch der Patient ist nicht untätig; denn er muss das Richtige tun, und zwar nach Kräften, um den Andrang des Bösen in sich nicht übermächtig werden zu lassen. Er braucht die „Rechtfertigung durch die Werke"; denn die „Rechtfertigung durch den Glauben" allein ist ihm leerer Schall geblieben [...]. *„Glaube" kann Ersatz für mangelnde Erfahrung sein.* In diesen Fällen bedarf es darum des wirklichen Tuns.

GW 12, § 37

Es sind besonders altruistische Persönlichkeiten, vor denen man sich in Acht zu nehmen hat! Wir sind eben keine Götter, wir haben einen Schatten, und wir haben eine düstere Ahnung davon, dass es hinten irgendwo nicht stimmt. Manchmal braucht man fünfzig Jahre, bis man das merkt.

Ich will Ihnen ein Beispiel dazu erzählen: Ich kannte einen Amerikaner; er war ein sehr respektabler Mensch. Nach seinem vierzigsten Lebensjahr wurde er immer düsterer. Früher war er viel in Vereinen und Klubs gewesen und gut mit den Leuten ausgekommen. Dann aber wurde er ein Sittenschnüffler, was für seine Frau immer unerträglicher wurde. Er tadelte alle Leute mit seiner übertriebenen moralischen Einstellung. Er sah überall zum Rechten, war Kirchenvorsteher und las am Sonntag in der Kirche aus dem Evangelium vor. Allmählich entwickelte sich daraus eine ganz finstere Angelegenheit; alle fürchteten und hassten ihn. – Plötzlich, mit fünfundfünfzig Jahren, saß er nachts einmal auf in seinem Bett und sagte zu seiner Frau: „Eigentlich bin ich ein Luder!" Gesagt, getan. Von da ab „verluderte" er sein ganzes Vermögen bis zu seinem Tod. Er legte nach allen Kanten los. – Erst in jenem Moment merkte er, dass er einen Schatten hatte.

Nicht alle Leute brauchen so lange, bis sie ihren Schatten entdecken. Die düstere Ahnung von etwas Bösem, etwas Feurigem, kann schon ein Kind haben, das sich der Pubertät nähert, und sogar ein solch kleines Kind, das eben gerade der Wiege entstiegen ist.

Kinderträume, S. 199

Wir sind immer noch beinahe sicher, dass wir wissen, was andere Leute denken, oder was ihr wahrer Charakter ist. Wir sind überzeugt, dass gewisse Leute alle jene schlechten Eigenschaften haben, die wir in uns selbst nicht finden, oder dass sie alle jene Laster leben, die natürlich niemals unsere eigenen sein könnten. Wir müssen immer noch äußerst vorsichtig sein, um nicht unseren eigenen Schatten allzu schamlos zu projizieren, und sind immer noch überschwemmt von projizierten Illusionen. Wenn man sich jemanden vorstellt, der tapfer genug ist, diese Projektionen allesamt zurückzuziehen, dann ergibt sich ein Individuum, das sich eines beträchtlichen Schattens bewusst ist. Ein solcher Mensch hat sich neue Probleme und Konflikte aufgeladen. Er ist sich selbst eine ernste Aufgabe geworden, da er jetzt nicht mehr sagen kann, dass die *anderen* dies oder jenes tun, dass *sie* im Fehler sind und dass man gegen *sie* kämpfen muss. Er lebt in dem „Hause der Selbstbesinnung", der inneren Sammlung. [...] Es ist ihm dann gelungen, wenigstens einen allerkleinsten Teil der ungelösten riesenhaften Fragen unserer Tage zu beantworten. Diese Probleme sind zum guten Teil so schwierig, weil sie vergiftet sind durch gegenseitige Projektionen. Wie kann auch jemand klarsehen, wenn er nicht einmal sich selbst und jene Dunkelheit sieht, welche er unbewusst in alle seine Handlungen mit hineinträgt? **GW 11, § 140**

Wer aber seinen Schatten kennt, weiß, dass er nicht harmlos ist, denn mit diesem tritt die archaische Psyche, die ganze archetypische Welt in unmittelbare Berührung mit dem Bewusstsein und durchdringt dieses mit archaischen Einflüssen. **GW 16, § 452**

Es ist wahrscheinlich noch schwieriger, sich vom Guten zu befreien als vom Bösen. **Briefe II, S. 236**

Ohne gründliche Kenntnis des „Guten und Bösen", des Ich und des Schattens, gibt es keine Erkenntnis des Selbst, sondern höchstens eine unwillkürliche und deshalb gefährliche Identifikation damit.

Briefe II, S. 377

VON MORAL UND UNMORAL

Die Idee von Gut und Böse
ist die Voraussetzung
des moralischen Urteils.

GW 9/II, § 84

Das uralte ewige Gesetz in uns

Wenn wir den Schatten verleugnen, dann wird eine Reaktion jenes Geistes erfolgen, der ewig ist, jenes Menschen in uns, der eine Million Jahre alt ist. Wir sind niemals allein, denn die Augen der Jahrhunderte beobachten uns; wir merken sofort, dass das Uralte gegenwärtig ist, und wir spüren unsere historische Verantwortung gegenüber den Jahrhunderten. Sobald wir etwas tun, das gegen den uralten Plan verstößt, versündigen wir uns an den ewigen Gesetzen, an allgemeinen Wahrheiten, und nichts wird mehr stimmen. Es ist, als hätten wir etwas gegessen, was für unsere Verdauungsorgane nicht gut ist. Wir können also nicht tun, was wir wollen, denken, was uns gefällt, denn es könnte gegen jene Bewusstheit verstoßen, die eine Million Jahre alt ist; sie wird auf plötzliche Weise reagieren. Sie hat viele Möglichkeiten zu reagieren, und vielleicht verspüren wir die Wirkung nicht unmittelbar, aber je mehr wir uns des Unbewussten bewusst werden, je mehr wir unser intuitives Gefühl für Gesetzmäßigkeiten entwickeln, desto deutlicher spüren wir, wann wir an die Grenze stoßen, die wir nicht überschreiten sollten. **Traumanalyse, S. 104 f.**

Die Idee von Gut und Böse ist aber die Voraussetzung des moralischen Urteils. Es ist ein logisch äquivalentes Gegensatzpaar, das als solches eine conditio sine qua non [unerlässliche Bedingung] jedes Erkenntnisaktes bildet. Mehr lässt sich darüber vom empirischen Standpunkt aus nicht sagen. Von diesem Standpunkt aus müsste man also feststellen, dass Gut und Böse als die koexistenten Hälften eines moralischen Urteils nicht voneinander abstammen, sondern schon immer zugleich da sind. Das Böse ist wie das Gute eine menschliche Wertkategorie, und wir sind die Urheber moralischer Werturteile, aber nur in beschränktem Maße auch jener Tatbestände, die dem moralischen Urteil unterworfen werden. Diese Tatbestände werden von den einen gut und von den anderen böse genannt. Nur in kapitalen Fällen besteht ein annähernder consensus generalis [allgemeine Übereinstimmung]. Wenn man mit Basilius den Menschen als Urheber des Bösen betrachtet, so ist damit zugleich gesagt, dass er es auch des Guten ist. Der Mensch ist aber in erster Linie Urheber eines bloßen Urteils.

GW 9/II, § 84

Das Unbewusste ist kein dämonisches Ungeheuer, sondern ein moralisch, ästhetisch und intellektuell indifferentes Naturwesen, das nur dann wirklich gefährlich wird, wenn unsere bewusste Einstellung dazu hoffnungslos unrichtig ist. GW 16, § 329

Wir sind eben immer noch so unerzogen, dass wir Gesetze von außen brauchen und einen Zuchtmeister, resp. Vater darüber, damit wir wissen, was gut ist und das Rechte tun können. Und weil wir noch so barbarisch sind, so kommt uns das Vertrauen in die Gesetze der menschlichen Natur und des menschlichen Pfades als ein gefährlicher und unethischer Naturalismus vor. Warum? Weil bei dem Barbaren unter der dünnen Kulturhaut gleich die Bestie kommt, und davor hat er mit Recht Angst. Aber das Tier wird nicht überwunden dadurch, dass es in einen Käfig gesperrt wird. *Es gibt keine Sittlichkeit ohne Freiheit.* Wenn ein Barbar seine Bestie loslässt, so ist das keine Freiheit, sondern eine Unfreiheit. Um frei sein zu können, muss zuvor die Barbarei überwunden werden. Dies geschieht im Prinzip dadurch, dass Grund und Motivkraft der Sittlichkeit vom Individuum als Bestandteile einer eigenen Natur empfunden und wahrgenommen werden und nicht als äußere Beschränkungen. Wie aber kann der Mensch anders zu dieser Empfindung und Einsicht gelangen als durch den Konflikt der Gegensätze?

GW 6, § 357

Die moralische Bewertung gründet sich immer auf den uns sicher erscheinenden Sittenkodex, der genau zu wissen vorgibt, was gut und was böse sei. Jetzt aber, da wir wissen, wie unsicher die Grundlage ist, wird die ethische Entscheidung zu einer subjektiven schöpferischen Tat, der wir uns nur concedente Deo [mit Gottes Hilfe] versichern können, d.h. wir bedürfen eines spontanen und entscheidenden Anstoßes vonseiten des Unbewussten. Die Ethik, d.h. die Entscheidung zwischen Gut und Böse, ist davon nicht tangiert, sie ist nur erschwert. Nichts kann uns die Qual der ethischen Entscheidung ersparen. Aber man muss, so hart es auch klingen mag, die Freiheit haben, das bekannte moralisch Gute unter Umständen zu vermeiden und das als Böse Anerkannte zu tun, sollte es die ethische Entscheidung verlangen. Mit anderen Worten: Man soll den Gegensätzen nicht verfallen.

Erinnerungen, S. 358 f.

Die Unvollkommenheit alles menschlichen Urteilens legt uns jedoch den Zweifel nahe, ob unsere Meinung jeweils das Richtige trifft. Wir können auch einem Fehlurteil unterliegen. Davon wird das ethische Problem nur insofern betroffen, als wir uns in Bezug auf die moralische Bewertung unsicher fühlen. Trotzdem müssen wir uns ethisch entscheiden. Die Relativität von „gut" und „böse" oder „schlecht" bedeutet keineswegs, dass diese Kategorien ungültig seien oder nicht existierten. Das moralische Urteil ist immer und überall vorhanden mit seinen charakteristischen psychologischen Folgen. Wie ich schon andernorts betont habe, wird sich wie bisher auch in alle Zukunft hinaus getanes, beabsichtigtes und gedachtes Unrecht an unserer Seele rächen, unbekümmert darum, ob sich die Welt für uns umgedreht hat oder nicht. Es sind nur die Inhalte des Urteils, die zeitlichen und örtlichen Bedingungen unterliegen und sich dementsprechend ändern. **Erinnerungen, S. 358**

Wir müssen lernen, dass etwas Gutes schlecht und etwas Schlechtes gut sein kann. Wenn Sie an gut denken, dann müssen Sie das im Sinne der Relativität tun. Das ist ein sehr wichtiges Prinzip bei der Deutung von Träumen. Es hängt immer vom Standpunkt Ihres Bewusstseins ab, ob etwas gut oder böse ist. Gut muss, psychologisch gesehen, auf böse bezogen sein. Ursprünglich bezeichnete dieses Gefühl von gut und böse günstig oder ungünstig. So wurde zum Beispiel einmal ein Häuptling nach dem Unterschied von gut und böse gefragt. Er antwortete: „Wenn ich mir die Frau meines Feindes nehme, dann ist das gut. Aber wenn sich ein anderer Häuptling meine Frau nimmt, dann ist das böse." Das ist keine Unterscheidung zwischen moralisch und unmoralisch, sondern zwischen günstig und ungünstig. Die abergläubische Einstellung fragt immer: „Ist es günstig?" Der Verstand ist äußerst wachsam in diesem Punkt. Der Moralbegriff ist dagegen erst sehr spät entstanden.

Traumanalyse, S. 162

Es ist nämlich nie zu vergessen – und das muss man der Freud'schen Schule zurufen –, dass die Moral nicht in Form von Tafeln vom Sinai heruntergebracht und dem Volke aufgenötigt wurde, sondern die Moral ist eine Funktion der menschlichen Seele, die so alt ist wie die Menschheit. Die Moral wird nicht von außen aufgenötigt – man hat sie schließlich a priori in sich selbst; nicht das Gesetz, wohl aber das moralische Wesen, ohne das ein Zusammenleben der menschlichen Sozietät unmöglich wäre. Darum findet sich Moral auf allen Stufen der Sozietät. Sie ist ein instinktives Regulativ des Handelns, welches auch das Zusammenleben der Tierherde ordnet. Die Moralgesetze gelten aber nur innerhalb einer zusammenlebenden Menschengruppe. Jenseits derselben hören sie auf. Dort gilt stattdessen die alte Wahrheit: „Homo homini lupus" (Der Mensch ist dem Menschen ein Wolf). Mit zunehmender Kultur gelingt es, immer größere Menschenmengen dem Bann derselben Moral zu unterwerfen, ohne dass es aber bis jetzt gelungen wäre, dem Moralgesetz auch jenseits der Sozietätsgrenzen, d.h. im freien Raum zwischen voneinander unabhängigen Sozietäten, zur Herrschaft zu verhelfen. Dort herrscht, wie vor alters, Recht- und Zuchtlosigkeit und ärgste Unmoral, was aber nur der jeweilige Feind laut sagt.

GW 7, § 30

Über das moralische Urteilen

In der unmittelbaren Konfrontation mit der Wirklichkeit des Lebens ist schon manchem die Entrüstung oder das Lachen vergangen. Auch der Arzt muss ab- und erwägen, allerdings nicht zugunsten oder -ungunsten der Kirche, wohl aber zugunsten oder -ungunsten des Lebens und der Gesundheit. Auf dem Papier sieht der Moralkodex ja klar und sauber genug aus; aber das gleiche Dokument, geschrieben auf „fleischerne Tafeln“ des Herzens, ist oft ein trauriger Fetzen gerade in den Seelen jener, welche den Mund am lautesten auftun. Wenn man schon überall verkündet: „Böses ist Böses, es kann keine Zögerung im Urteil geben“, so ist im individuellen Fall gerade das Böse das Allerproblematischste, welches gründlichste Erwägung erfordert. Vor allem verdient die Frage „*Wer* handelt?“ die größte Aufmerksamkeit. Denn die Beantwortung dieser Frage entscheidet letztlich über den Wert des Tuns. Für die Sozietät allerdings ist zunächst das *Was* der Tat von größerer Wichtigkeit, weil unmittelbar einleuchtend. Auf lange Sicht hingegen wird sich auch das rechte Tun in der Hand des verkehrten Mannes zum Unheil auswirken. Wer Voraussicht hat, wird sich vom rechten Tun des Unrichtigen so wenig verblenden lassen wie vom unrechten Tun des Richtigen. Der Seelenarzt hat darum sein Augenmerk nicht auf das Was, sondern auf das *Wie* der Tat gerichtet, weil darin das ganze Wesen des Täters beschlossen ist. Das Böse will ebenso sehr erwogen sein wie das Gute; denn Gut und Böse sind schließlich nichts als ideelle Verlängerungen und Abstraktionen des Handelns, welche beide zur helldunkeln Erscheinung des Lebens gehören. Es gibt ja schließlich kein Gutes, aus dem nicht Übles, und kein Übel, aus dem nicht Gutes hervorgehen könnte.

GW 12, § 36

Manchmal besteht sogar eine solche Diskrepanz zwischen dem Genie und seiner Humanität, dass man sich fragen muss, ob etwas weniger Begabtheit nicht besser gewesen wäre. Was ist schließlich eine große Intelligenz bei moralischer Minderwertigkeit? Es gibt nicht wenige Begabte, deren Nützlichkeit durch ihre sonstige humane Untauglichkeit paralysiert, ja sogar pervertiert ist. Begabung ist nicht unbedingt ein Wert, sie ist es nur dann, wenn die übrige Persönlichkeit insofern Schritt mit ihr hält, als das Talent auch zu nützlicher Verwendung gebracht werden kann. Ein schöpferisches Vermögen kann sich leider auch ebenso gut destruktiv auswirken. Ob es sich zum Guten oder zum Bösen wendet, darüber entscheidet allein die moralische Persönlichkeit. Und wenn diese nicht vorhanden ist, so vermag sie kein Erzieher zu vermitteln oder zu ersetzen.

GW 17, § 244

Man kann auch das Böse und Verderbliche rationalisieren und ästhetisieren. **GW 6, § 458**

Kinder sind grausam; sie finden die Sagen mit Mord und Totschlag selbstverständlich. Das Kind steckt eben noch selbst sehr weitgehend in jener Sagenwelt, im kollektiven Unbewussten drin. Die normale Bewusstseinshöhe dagegen kommt ihm wie ein hoher Berg vor. **Kinderträume, S. 102**

Es ist nicht selten, dass oft gerade solche Individuen, deren Persona durch eine starre Rücksichtslosigkeit gekennzeichnet ist, den Vorgängen des Unbewussten gegenüber eine Einstellung besitzen, deren Charakter eine äußerste Beeinflussbarkeit ist. So unbeeinflussbar und unzugänglich sie außen sind, so weich, schlaff und bestimmbar sind sie gegenüber ihren inneren Vorgängen. In diesen Fällen entspricht daher die innere Einstellung einer von der äußeren diametral verschiedenen inneren Persönlichkeit. Ich kenne z.B. einen Menschen, der schonungslos und blind das Lebensglück seiner Nächsten zerstört hat, der aber wichtige Geschäftsreisen unterbricht, um die Schönheit eines Waldrandes, den er von der Eisenbahn aus erspäht hat, genießen zu können. **GW 6, § 804**

Es ist aber, als ob das Unbewusste zwei Hände hätte, wovon die eine immer das Gegenteil der anderen tut.

GW 9/I, § 433

[Es] konsultierte mich zum Beispiel einmal eine sehr distinguierte Dame, die sich durch einen untadeligen Lebenswandel ebenso sehr wie durch eine „geistig“ hochgestimmte Haltung auszeichnete, um ihrer „abscheulichen“ Träume willen. Diese verdienten das Prädikat. Sie produzierte serienweise höchst unschmackhafte Traumbilder, die sich mit betrunkenen Prostituierten, venerischen Krankheiten und dergleichen mehr befassten. Sie war entsetzt über solche Obszönitäten und konnte sich gar nicht erklären, wieso gerade sie, die immer nach dem Höchsten strebte, von solchen Bildern des Abgrundes verfolgt werde. Sie hätte ebenso wohl fragen können, woher es komme, dass gerade die Heiligen den übelsten Versuchungen ausgesetzt seien. Hier spielt der Sittenkodex – wenn überhaupt – die gerade umgekehrte Rolle. Fern davon, sittliche Ermahnung zu produzieren, vergnügt sich hier das Unbewusste mit dem Erzeugen aller erdenkbaren Immoralität, wie wenn es ausschließlich das sittlich Anstößige im Auge hätte. Erfahrungen dieser Art sind so häufig und regelmäßig, dass schon Paulus bekennen konnte, dass er das Gute, das er will, nicht tut, wohl aber das Böse, das er nicht will (Römerbrief 7,19).

Angesichts der Tatsache, dass der Traum sowohl ermahnt als auch verführt, wird es fragwürdig, ob das, was als Gewissensurteil in ihm erscheint, als solches gewertet werden darf oder – mit anderen Worten – ob man dem Unbewussten eine uns als moralisch vorkommende Funktion zuschreiben darf oder nicht.

GW 10, § 834

Ein junger Mann von etwa dreißig Jahren, ersichtlich sehr klug und höchst intellektuell, kam zu mir, nicht zur Behandlung, wie er sagte, sondern nur, um mir eine Frage vorzulegen. Er gab mir ein ziemlich umfangreiches Manuskript, welches, wie er sagte, die Geschichte und Analyse seines Falles enthielt. Er nannte diesen eine Zwangsneurose, ganz richtig, wie ich sah, als ich das Manuskript las. Es war eine Art psychoanalytischer Biografie, höchst intelligent und mit bemerkenswerter Introspektion ausgearbeitet. Es war eine regelrechte wissenschaftliche Abhandlung, auf umfangreiche und genaue Lektüre der einschlägigen Fachliteratur gegründet. Ich gratulierte ihm zu seiner Leistung und fragte ihn, zu welchem Zweck er denn zu mir gekommen sei. Er sagte: „Nun, Sie haben gelesen, was ich geschrieben habe. Können Sie mir sagen, warum ich mit all meiner Einsicht immer noch geradeso neurotisch bin wie zuvor? Der Theorie nach sollte ich geheilt sein, da ich mir sogar meine allerfrühesten Erinnerungen ins Gedächtnis zurückrufen konnte. Ich habe von so vielen Fällen gelesen, die mit unendlich viel weniger Einsicht, als ich sie habe, geheilt wurden, warum sollte ich eine Ausnahme sein? Bitte, sagen Sie mir, was ich übersehen habe oder noch immer verdränge." Ich sagte ihm, dass ich im Augenblick den

Grund nicht sehen könne, der erklären würde, weshalb seine Neurose durch seine wirklich erstaunliche Einsicht nicht berührt worden war. „Aber", sagte ich, „erlauben Sie mir, Sie um etwas mehr Information über Ihre Person zu bitten." „Mit Vergnügen", antwortete er. Darauf sagte ich: „Sie erwähnen in Ihrer Biografie, dass Sie den Winter öfters in Nizza und den Sommer in St. Moritz verbringen. Ich nehme an, Sie seien der Sohn wohlhabender Eltern." „O nein", sagte er, „sie sind gar nicht reich." „Nun, dann haben Sie wohl Ihr Geld selbst gemacht?" „O nein", antwortete er lächelnd. „Aber wie ist es dann?", fragte ich zögernd. „O, das hat nichts zu sagen", sagte er, „ich bekam das Geld von einer Frau, sie ist sechsunddreißig Jahre alt und Lehrerin in einer Volksschule. – Es ist eine Liaison, wissen Sie", fügte er hinzu. Tatsächlich befand sich diese um einige Jahre ältere Frau in sehr bescheidenen Verhältnissen und lebte aus ihrem mageren Lehrerinnengehalt. Sie sparte sich das Geld am Mund ab – natürlich in der Hoffnung auf spätere Heirat, woran dieser famose Gentleman nicht von ferne dachte. „Denken Sie nicht", sagte ich, „wenn Sie diese arme Frau finanziell ausnützen, dass dies einer der wesentlichen Gründe sein könnte, warum Sie noch nicht geheilt sind?" Aber er lachte über meine, wie er sagte, absurde moralische Anspielung, welche seiner Idee nach mit der wissenschaftlichen Struktur seiner Neurose nichts zu tun hatte. „Überdies", sagte er, „habe ich über diesen Punkt mit ihr gesprochen, und wir stimmen beide darin überein, dass es nicht von Belang sei." Worauf ich antwortete: „Sie nehmen also an, dass durch die Tatsache der Besprechung dieser

Situation das andere Faktum – dass Sie nämlich von einer armen Frau ausgehalten werden – aus der Welt geredet sei? Nehmen Sie an, dass damit das Geld, das in Ihrer Tasche klingelt, rechtmäßig erworbenes Gut geworden sei?“ Worauf er entrüstet aufstand, etwas über moralische Vorurteile murmelte und sich verabschiedete. Er ist einer der vielen, die glauben, die Moral habe nichts mit Neurose zu tun, und eine absichtliche Sünde sei keine Sünde, sofern sie intellektuell weggedacht werde.

Es ist klar, dass ich diesen Herrn von meinen Ansichten unterrichten musste. Wenn wir darin übereingestimmt hätten, so wäre eine Behandlung möglich gewesen. Aber wenn wir, abgesehen von der unmöglichen Basis seines Lebens, unsere Arbeit begonnen hätten, so wäre sie umsonst gewesen. Mit solchen Ansichten kann man sich an das Leben nur anpassen, wenn man ein Verbrecher ist. Aber dieser Patient war kein eigentlicher Verbrecher, sondern nur ein sogenannter Intellektueller, welcher dermaßen an die Macht des Verstandes glaubt, dass er sogar meint, man könne ein begangenes Unrecht wegdenken. Ich glaube sicherlich an die Macht und Würde des Intellektes, aber nur insofern, als er sich nicht an den Gefühlswerten vergreift.

GW 17, § 182 f.

Wir dürfen nie vergessen, dass das, was uns heute noch als ein sittliches Gebot erscheint, morgen der Auflösung und Umbildung verfällt, um in naher oder ferner Zukunft als Grundlage neuer ethischer Bindungen zu dienen. So viel sollten wir aus der Kulturgeschichte gelernt haben, dass auch die Moralformen zu den vergänglichen Dingen gehören. Der feinste psychologische Takt ist erforderlich, um in diesen kritischen Naturen die gefährliche Ecke der infantilen Unverantwortlichkeit, Bequemlichkeit und Ausgelassenheit zu vermeiden und dem Kranken einen reinen und ungetrübten Ausblick auf die Möglichkeit eines sittlich autonomen Handelns zu ermöglichen.

GW 4, § 667

In meiner Eigenschaft als Arzt bin ich mir meiner moralischen Urteile nie ganz sicher. Allzu oft stelle ich fest, dass, was bei dem einen eine Tugend ist, bei dem anderen als Laster gelten muss, und was für den einen gut für den anderen Gift ist. Andererseits haben fromme Gefühle den Begriff der felix culpa [glückliche Schuld] erfunden, und Christus hat dem Sünder den Vorzug gegeben. Selbst Gott scheint kein besonderes Wohlgefallen an dem bloß Gerechten zu haben.

GW 18/II, § 1594

Wir wissen nicht, wie und wohin sich die werdende Persönlichkeit entwickeln wird, und wir haben genug von Natur und Weltwirklichkeit gelernt, um mit Recht etwas misstrauisch zu sein. Wir sind sogar von der christlichen Lehre im Glauben an das ursprünglich Böse der menschlichen Natur erzogen worden. Aber selbst solche, die sich nicht mehr an die christliche Lehre halten, sind natürlicherweise misstrauisch und ängstlich in Bezug auf die in ihren Untergründen liegenden Möglichkeiten. **GW 17, § 292**

Wir haben gewisse Ideen, wie ein zivilisierter, gebildeter oder moralischer Mensch leben sollte, und wir tun gelegentlich unser Bestes, um selbst diese ehrgeizigen Erwartungen zu erfüllen. Da aber die Natur ihre Kinder nicht alle mit denselben Gütern gesegnet hat, sind einige mehr, andere weniger begabt. So gibt es Menschen, die es vermögen, „richtig" und respektabel zu leben, d.h. man kann nirgends ein Haar in der Suppe entdecken. Entweder begehen sie kleinere Sünden, wenn sie sich überhaupt vergehen, oder ihre Sünden sind ihnen unbewusst. Man ist bekanntlich nachsichtiger gegen Sünder, die ihrer Taten unbewusst sind. Aber die Natur ist keineswegs barmherzig mit unbewussten Sündern. Sie bestraft sie genauso hart, wie wenn sie eine bewusste Übertretung begangen hätten. [...] Die Moral scheint eine Gabe zu sein wie die Intelligenz. Man kann sie nicht ohne Schädigung einem System einpumpen, dem sie nicht angeboren ist.

GW 11, § 130

DIE MÄCHTE DES BÖSEN SIND GEFÄHRLICH NAHE

Gewaltiges an Nützlichem
hat sich der Mensch errungen,
dafür hat er auch den Abgrund
der Welt aufgerissen, und wo wird er,
wo kann er noch haltmachen?

GW 9/I, § 454

Mensch und Gesellschaft in der Spannung zwischen Gut und Böse

Wir glauben an den Wohlfahrtsstaat, an den Weltfrieden, mehr oder weniger an die Gleichberechtigung aller Menschen, an die ewiggültigen Menschenrechte, an Gerechtigkeit und Wahrheit und (nicht zu laut) an das Reich Gottes auf Erden.

In Wirklichkeit ist es traurige Wahrheit, dass unsere Welt und das Leben aus unerbittlichen Gegensätzen besteht, aus Tag und Nacht, Wohlergehen und Leid, Geburt und Tod, Gut und Böse. Wir sind nicht einmal sicher, dass eines das andere aufwiegt, das Gute das Böse oder die Freude den Schmerz. Leben und Welt sind ein Schlachtfeld, waren es immer schon und werden es immer sein, und wäre dies nicht der Fall, so würde das Dasein bald ein Ende nehmen. Einen ausgewogenen Zustand gibt es nirgends. **GW 18/I, § 563 f.**

Das Ziel ist die Ruhelage. Jeder Vorgang ist schließlich nichts anderes als eine anfängliche Störung einer sozusagen ewigen Ruhelage, die sich immer wieder herzustellen sucht. Das Leben ist sogar das Teleologische par excellence [das Zielstrebigste], es ist Zielstrebigkeit selbst, und der lebende Körper ist ein System von Zweckmäßigkeiten, welche sich zu erfüllen trachten. Das Ende jeglichen Ablaufes ist sein Ziel. Jeder Ablauf ist wie ein Läufer, der mit größter Anstrengung und stärkstem Kraftaufwand danach strebt, sein Ziel zu erreichen. Jugendliche Sehnsucht nach Welt und Leben, nach Erreichung hochgespannter Hoffnungen und ferner Ziele ist die offenkundige Zielstrebigkeit des Lebens, welche sich sofort in Lebensangst, neurotische Widerstände, Depressionen und Phobien verwandelt, wenn sie irgendwo an der Vergangenheit hängen bleibt oder vor Wagnissen zurückschreckt, ohne welche die gesteckten Ziele nicht erreicht werden können.

GW 8, § 798

Die Psychologie weiß nicht, was gut und was böse an sich ist; sie kennt diese nur als Urteile über Relationen: Gut ist das, was von einem gewissen Standpunkt aus als passend, annehmbar oder wertvoll erscheint; böse ist das entsprechende Gegenteil. Wenn das, was wir gut nennen, für uns „wirklich" gut ist, so gibt es auch ein Schlechtes und Böses, das für uns „wirklich" ist. Man sieht, dass die Psychologie es mit einem mehr oder weniger subjektiven Urteil zu tun hat, das heißt mit einem psychischen Gegensatz, der zur Bezeichnung von Wertrelationen unumgänglich ist: Gut ist, was nicht schlecht, und schlecht, was nicht gut ist.

Es gibt Dinge, die von einem gewissen Standpunkt aus extrem böse, das heißt gefährlich sind. Es gibt auch solche Dinge in der menschlichen Natur, die sehr gefährlich sind und deshalb dem, der in der Schussrichtung steht, auch entsprechend böse vorkommen. Die Beschönigung dieses Bösen hat insofern keinen Sinn, als man dies doch nur täte, um sich in einer falschen Sicherheit zu wiegen. Die menschliche Natur ist unendlicher Bosheit fähig, und die bösen Taten sind so wirklich wie die guten, soweit sich der menschliche Erfahrungsbereich erstreckt, das heißt unwillkürlich spricht die Seele das unterscheidende Urteil aus. Nur die Unbewusstheit kennt kein Gut und Böse. Innerhalb des psychologischen Bereiches weiß man ehrlicherweise nicht, was in der Welt überwiegt, das Gute oder das Böse. Man hofft bloß, es sei das Gute, [...] diejenigen, die sich jenseits von Gut und Böse wähnen, sind in der Regel die ärgsten Quälgeister der Menschheit. **GW 9/II, § 97**

Die Veränderung des Charakters, welche durch den Einbruch kollektiver Kräfte zustande kommt, ist erstaunlich. Ein sanftes und vernünftiges Wesen kann in einen Tobsüchtigen oder in ein wildes Tier verwandelt werden. Man ist immer geneigt, äußeren Umständen die Schuld zu geben, aber es könnte nichts in uns explodieren, wenn es nicht vorhanden gewesen wäre. Tatsächlich leben wir beständig auf einem Vulkan, und so viel wir wissen, gibt es keine menschlichen Schutzmittel gegen einen möglichen Ausbruch, der jedermann in seiner Reichweite vernichten wird. Es ist sicherlich eine gute Sache, Vernunft und gesunden

Menschenverstand zu predigen, aber was will man machen, wenn man ein Irrenhaus oder eine kollektiv ergriffene Masse zum Zuhörer hat? Zwischen beiden ist nicht viel Unterschied, denn der Irre ebenso wie der Mob wird durch nicht persönliche, überwältigende Kräfte bewegt. **GW 11, § 25**

Nur ein kindischer Mensch kann sich einbilden, dass das Böse nicht immer und überall dabei ist, und je unbewusster er ist, desto mehr sitzt ihm der Teufel im Nacken. Wegen dieser innigen Beziehung zur schwarzen Seite fällt es dem Massenmenschen so unglaublich leicht, sogar die furchtbarsten Verbrechen gedankenlos mitzumachen. Nur eine möglichst umfängliche und schonungslose Selbsterkenntnis, welche Gutes und Böses im richtigen Verhältnis sieht und die Motive abwägen kann, bietet eine gewisse Gewähr, dass das Endresultat nicht zu schlimm herauskommt.

GW 9/II, § 255

Die Einstellung oder Sinnesart ist aber bei Weitem nicht immer das Produkt eines Wollens, sondern verdankt ihre Eigenart vielleicht noch häufiger der geistigen Ansteckung, das heißt dem Beispiel und Einfluss der Umgebung. Es gibt bekanntlich Leute, deren schlechte Einstellung die Atmosphäre vergiftet, ihr böses Beispiel steckt an, sie machen andere nervös durch ihre Unausstehlichkeit. In Schulen kann ein einziger Unhold von Schüler den Geist einer ganzen Klasse verderben, und umgekehrt kann die fröhliche und harmlose Sinnesart eines Kindes die sonst düstere Atmosphäre einer Familie erhellen und verklären, was natürlich nur möglich ist, wenn die Einstellung jedes Einzelnen durch das gute Beispiel verbessert wird. So kann sich eine Einstellung auch gegen den bewussten Willen durchdrücken – „schlechte Gesellschaft verdirbt gute Sitten". In der Massensuggestion zeigt sich dies am deutlichsten. **GW 8, § 630**

Vom Einbruch des Unbewussten

Der Einbruch des Unbewussten ist nämlich dann eine wirkliche Gefahr für das Bewusstsein, wenn dieses nicht imstande ist, die eingebrochenen Inhalte mit Verständnis aufzufangen und zu integrieren. [...]

Wenn etwas Derartiges wie ein Einbruch des Unbewussten sich ereignet, so handelt es sich oft um eine Situation, in welcher das Unbewusste das Bewusstsein überholt. Das Bewusstsein ist irgendwie stehen geblieben, weswegen das Unbewusste das Vorwärtsstreben und die Wandlung in der Zeit gewissermaßen übernimmt und den Stillstand unterbricht. Die dann in das Bewusstsein einströmenden Inhalte stellen in archetypischer Form das dar, was das Bewusstsein hätte erleben sollen, um nicht stillzustehen. **GW 5, § 616**

Wir dürfen unsere geschichtlichen Prämissen nie vergessen: Erst vor etwas mehr als tausend Jahren sind wir aus den krudesten Anfängen des Polytheismus in eine hoch entwickelte orientalische Religion hineingefallen, welche den imaginativen Geist des Halbwilden auf eine Höhe hob, die dem Grade seiner geistigen

Entwicklung nicht entsprach. Um diese Höhe einigermaßen zu halten, war es unvermeidlich, dass die Instinktsphäre weitgehend unterdrückt werden musste. Deshalb nahmen die Religionsübung und die Moral einen ausgesprochen gewalttätigen, ja fast bösartigen Charakter an. Das Unterdrückte wird natürlich nicht entwickelt, sondern vegetiert in ursprünglicher Barbarei im Unbewussten weiter. Wir möchten zwar, aber sind in der Tat gar nicht fähig, die Höhe einer philosophischen Religion zu erklettern. Man kann dazu höchstens emporwachsen. **GW 13, § 70**

Dasselbe, nur in gigantischer Vergrößerung, ist der Fall mit der historischen Einstellungsveränderung. Eine allgemeine Einstellung entspricht einer Religion, und Religionswechsel gehören zu den peinlichsten Momenten der Weltgeschichte. Unsere Zeit ist allerdings in dieser Hinsicht von einer Verblendung, die ihresgleichen sucht. Man meint, man müsse nur eine Bekenntnisformel als unrichtig und ungültig erklären, um von allen traditionellen Wirkungen christlicher oder jüdischer Religion psychologisch befreit zu sein. Man glaube an Aufklärung, wie wenn eine intellektuelle Schwenkung irgendwie einen tieferen Einfluss auf die Gemütsvorgänge oder gar auf das Unbewusste hätte! Man vergisst völlig, dass die Religion der vergangenen 2000 Jahre eine psychologische Einstellung ist, eine bestimmte Art und Weise der Anpassung nach innen und außen, die eine bestimmte Kulturform erzeugt und damit eine Atmosphäre geschaffen hat, welche von einer intellektuellen Leugnung ganz unbeeinflusst bleibt. Die intellektuelle Schwenkung ist zwar symptomatisch wichtig als ein Hinweis auf kommende Möglichkeiten, aber die tieferen Schichten der Psyche arbeiten noch lange in der früheren Einstellung weiter, gemäß der psychischen Inertie [Trägheit]. Daher komme es, dass das Unbewusste das Heidentum lebendig bewahrt hat. Die Leichtigkeit, mit der der antike Geist sich wieder erhebt, kann man an der Renaissance beobachten. Die Leichtigkeit, mit der sich der noch viel ältere primitive Geist wieder erhebt, kann man in unserer Zeit vielleicht noch besser beobachten als in irgendeiner anderen historisch bekannten Epoche. **GW 6, § 313**

Ich bekam kürzlich einen Brief von einer früheren Patientin, welche die nötige Umstellung mit einfachen, aber treffenden Worten folgendermaßen schildert: „Aus dem Bösen ist mir viel Gutes erwachsen. Das Stillhalten, Nichtverdrängen, Aufmerksamsein, und, Hand in Hand damit gehend, das Annehmen der Wirklichkeit – der Dinge, wie sie sind, und nicht, wie ich sie wollte – hat mir seltsame Erkenntnisse, aber auch seltsame Kräfte gebracht, wie ich es mir früher nicht hätte vorstellen können. Ich dachte immer, wenn man die Dinge annehme, dann überwältigen sie einen irgendwie; nun ist dies gar nicht so, und man kann erst noch Stellung zu ihnen nehmen. (Aufhebung der participation mystique!) So werde ich nun auch das Spiel des Lebens spielen, indem ich annehme, was mir jeweils der Tag und das Leben bringt, Gutes und Böses, Sonne und Schatten, die ja beständig wechseln, und damit nehme ich auch mein eigenes Wesen mit seinem Positiven und Negativen an, und alles wird lebendiger. Was für ein Tor ich doch war! Wie habe ich alles nach meinem Kopf zwingen wollen!" **GW 13, § 70**

Neuerdings wurde mir vorgeworfen, dass meine Lehre der Assimilation des Unbewussten die Kultur untergrabe und unsere höchsten Werte der Primitivität überantworte. Eine solche Meinung kann nur auf die gänzlich irrige Voraussetzung, dass das Unbewusste ein Monstrum sei, gegründet sein. Diese Auffassung entspringt der Furcht vor der Natur und vor der tatsächlichen Wirklichkeit. **GW 16, § 328**

Vom Erleiden der Mangelhaftigkeit

Der Mensch vergisst nämlich immer wieder, dass etwas, das einstmals gut war, nicht für immer und ewig gut bleibt. **GW 6, § 313**

Solange das böse Wesen nur den Nebenmenschen fasst, gilt es nichts, aber wenn es uns selbst plagt – man muss allerdings Arzt sein, um zu wissen, was für grauenhafte Schädlinge Komplexe sein können. Man muss es schon gesehen haben, wie im Laufe von Jahrzehnten ganze Familien davon moralisch und physisch zerstört werden und wie beispiellose Tragik und hoffnungslose Misere ihren Spuren folgen, um einen vollen Eindruck von der Realität eines Komplexes zu bekommen. Man versteht dann, wie müßig und wie unwissenschaftlich der Gedanke ist, man könne sich einen Komplex „einbilden“. Wenn man sich nach einem medizinischen Vergleich umsieht, so könnte man Komplexe am ehesten mit Infektionen oder mit malignen Geschwülsten vergleichen, die beide ohne das geringste Zutun des Bewusstseins entstehen. Dieser Vergleich ist allerdings nicht ganz befriedigend, denn Komplexe sind nicht durchaus krankhafter Natur, sondern eigentümliche Lebenserscheinungen der Psyche, sei sie nun differenziert oder primitiv. Deshalb finden wir auch ihre unverkennbaren Spuren bei allen Völkern und in allen Zeiten. **GW 8, § 209**

Bricht aber das Leid über einen herein, verändern sich die Verhältnisse oft schlagartig. Dann sucht man nach Auswegen und beginnt über den Sinn des Lebens und die bestürzenden Erfahrungen, die es mit sich bringt, nachzudenken. **GW 18/I, § 565**

Das Barbarische bestand und besteht nie darin, dass die Vernunft oder die Wahrheit ungenügende Wirkung haben, sondern darin, dass man von ihnen eine solche Wirkung erwartet, oder sogar darin, dass man der Vernunft eine solche Wirkung überhaupt verschafft aus einer abergläubischen Überschätzung der „Wahrheit". Das Barbarische liegt in der Einseitigkeit und im Maßlosen, in der schlechten Proportion überhaupt.

Gerade am eindrucksvollen Beispiel der französischen Revolution, die damals eben den Höhepunkt des Schreckens erreicht hatte, konnte Schiller sehen, wie weit die Macht der Göttin Vernunft reicht, und inwiefern die vernunftlose Bestie im Menschen triumphiert. Es waren gewiss auch diese Zeitereignisse, welche Schiller dieses Problem in besonderem Maße aufdrängten, wie es ja oftmals geschieht, dass ein im Grunde persönliches und darum anscheinend subjektives Problem mit einem Mal zu einer allgemeinen, die ganze Sozietät umfassenden Frage emporwächst, wenn es auf äußere Ereignisse stößt, deren Psychologie dieselben Elemente enthält wie der persönliche Konflikt.

GW 6, § 118 f.

Dem Licht folgt der Schatten, die andere Seite des Schöpfers. Diese Entwicklung erreicht ihren Gipfel im 20. Jahrhundert. Jetzt ist die christliche Welt wirklich mit dem Prinzip des Bösen konfrontiert, nämlich mit offener Ungerechtigkeit, Tyrannis, Lüge, Sklaverei und Gewissenszwang. [...] Damit war unwiderleglich dargetan, bis zu welchem Grade das Christentum des 20. Jahrhunderts ausgehöhlt ist. Demgegenüber lässt sich das Böse nicht mehr durch die Euphemie der privatio boni [Beschönigung der Verminderung des Guten] verharmlosen. Das Böse ist bestimmende Wirklichkeit geworden. Es kann nicht mehr durch Umbenennung aus der Welt geschafft werden. Wir müssen lernen, damit umzugehen, denn es *will mitleben*. Wie das ohne größten Schaden möglich sein sollte, ist vorderhand nicht abzusehen. Erinnerungen, S. 357

Das Leben bedarf zu seiner Vollendung nicht der *Vollkommenheit*, sondern der *Vollständigkeit*. Dazu gehört der „Pfahl im Fleisch“, das Erleiden der Mangelhaftigkeit, ohne welche es kein Vorwärts und kein Aufwärts gibt. GW 12, § 208

Von der Möglichkeit, die Welt zu zerstören

Vor dem Kriegsausbruch 1914 waren wir ganz davon überzeugt gewesen, dass die Welt mit rationalen Mitteln richtiggestellt werden könnte. Jetzt erleben wir das erstaunliche Schauspiel, dass *Staaten* den uralten Anspruch der Theokratie erheben, d.h. den der *Totalität*, der unvermeidlich begleitet ist von der Unterdrückung der freien Meinung. Wir sehen wieder, dass Leute sich gegenseitig die Hälse abschneiden um kindischer Theorien willen, wie das Paradies auf Erden herzustellen sei. Es ist nicht schwer zu sehen, dass die Mächte der Unterwelt – um nicht zu sagen der Hölle –, die früher in einem gigantischen geistigen Gebäude mehr oder weniger erfolgreich angekettet und dienstbar gemacht waren, jetzt eine Staatssklaverei und ein Staatsgefängnis schaffen oder wenigstens zu schaffen versuchen, das jeglichen seelischen oder geistigen Reizes entbehrt. Es gibt nur wenige Menschen heutzutage, die davon überzeugt sind, dass bloße menschliche Vernunft der enormen Aufgabe, den ausgebrochenen Vulkan zu fesseln, nicht völlig gewachsen ist.

GW 11, § 83

Jede Zeit hat ihre Einseitigkeit, ihre Voreingenommenheit und ihr seelisches Leiden. Eine Zeitepoche ist wie die Seele eines Einzelnen, sie hat ihre besondere, spezifisch beschränkte Bewusstseinslage und bedarf daher einer Kompensation, die dann eben durch das kollektive Unbewusste auf solche Weise geleistet wird, dass ein Dichter oder ein Seher dem Unausgesprochenen der Zeitlage Ausdruck verleiht und in Bild oder Tat das heraufführt, was das unverstandene Bedürfnis aller erwartete, sei es nun im Guten oder im Bösen, zur Heilung einer Epoche oder zu deren Zerstörung.

GW 15, § 153

Es ist eine Anmaßung von uns zu meinen, wir könnten immer sagen, was für den Patienten gut oder böse ist. Vielleicht ist etwas für ihn wirklich böse, und er tut es trotzdem und erlebt dafür das entsprechend schlechte Gewissen. Das kann – therapeutisch gesehen, also empirisch – für den betreffenden Menschen sehr gut sein. Er muss vielleicht das Böse und seine Macht erleben und erdulden. **GW 10, § 867**

Gewaltiges an Nützlichem hat sich der Mensch errungen, dafür aber hat er auch den Abgrund der Welt aufgerissen, und wo wird er, wo kann er noch haltmachen? Man hat nach dem letzten Weltkrieg auf die Vernunft gehofft; man hofft jetzt wieder. Aber schon ist man von den Möglichkeiten der Uranspaltung fasziniert und verspricht sich ein goldenes Zeitalter – beste Gewähr dafür, dass der Gräuel der Verwüstung ins Ungemessene wächst. Und wer ist es, der all dies zustande bringt? Es ist der sogenannte harmlose, begabte, erfinderische und vernünftige menschliche Geist, der nur leider seiner ihm anhaftenden Dämonie unbewusst ist. Ja, dieser Geist tut alles, um sein eigenes Gesicht nicht sehen zu müssen, und jeder hilft ihm dabei nach Kräften. Nur ja keine Psychologie, denn diese Ausschweifung könnte zur Selbsterkenntnis führen! Dann schon lieber Kriege, an denen jeweils der andere schuld ist; und keiner sieht, dass alle Welt besessen ist, das zu tun, was man flieht und fürchtet. Mir scheint – offen gestanden –, als ob die vergangenen Zeiten nicht übertrieben, der Geist seine Dämonie nicht abgestreift und die Menschen vermöge ihrer wissenschaftlichen und technischen Entwicklung sich der Gefahr der Besessenheit in zunehmendem Maße ausgeliefert hätten. Wohl ist der Archetypus des Geistes als böser sowohl wie guter Wirkung fähig charakterisiert, aber es hängt an der freien, das heißt bewussten Entscheidung des Menschen, ob nicht auch das Gute sich noch ins Satanische verkehren soll. Seine schlimmste Sünde ist das Unbewusstsein, aber ihr frönen mit größter Andacht sogar die, welche den Menschen als Lehrer und Vorbild dienen sollten.

Wann kommt endlich die Zeit, wo man den Menschen nicht einfach in barbarischer Weise voraussetzt, sondern allen Ernstes nach Mitteln und Wegen sucht, ihn zu exorzisieren, seiner Besessenheit und Unbewusstheit zu entreißen und dies zur wichtigsten Kulturaufgabe macht? Kann man nicht endlich begreifen, dass alle äußeren Änderungen und Verbesserungen die innere Natur des Menschen nicht berühren und dass doch schließlich alles davon abhängt, ob der Mensch, der die Wissenschaft und Technik handhabt, zurechnungsfähig ist oder nicht? Wohl hat das Christentum für uns den Weg geöffnet, aber es ist nicht tief genug unter die Oberfläche gedrungen, wie die Tatsachen beweisen. Welcher Verzweiflung wird es noch bedürfen, um den verantwortlichen Führern der Menschheit so weit die Augen zu öffnen, dass sie sich selbst wenigstens der Verführung enthalten können? **GW 9/I, § 454 f.**

Der alte Heraklit, der wirklich ein großer Weiser war, hat das wunderbarste aller psychologischen Gesetze entdeckt: nämlich die *regulierende Funktion der Gegensätze*. Er nannte dies die *Enantiodromia*, das Entgegenlaufen, worunter er verstand, dass alles einmal in sein Gegenteil hineinlaufe. [...] So läuft die rationale Kultureinstellung notwendigerweise in ihr Gegenteil, nämlich in die irrationale Kulturverwüstung. (Dieser Satz wurde während des Ersten Weltkrieges geschrieben. Ich habe ihn in seiner ursprünglichen Form stehen lassen, denn er enthält eine Wahrheit, die sich noch mehr als einmal im Verlauf der Geschichte bestätigen wird [1925 geschrieben]. Wie die gegenwärtigen Ereignisse zeigen, hat die Bestätigung nicht allzu lange auf sich warten lassen. Wer will eigentlich diese blinde Zerstörung? ... Aber alle helfen dem Dämon mit letzter Hingabe. O sancta simplicitas! [1942 hinzugefügt].) **GW 7, § 111**

In meiner eigenen Praxis habe ich stets eine größere Anzahl von hochgebildeten, intelligenten Menschen von ausgesprochener Individualität, welche jedem ernstlichen Veränderungsversuch aus ethischen Gründen den stärksten Widerstand entgegensetzen würden. In allen diesen Fällen muss der Arzt den individuellen Heilungsweg offenlassen, und dann wird die Heilung keine Veränderung der Persönlichkeit herbeiführen, sondern es wird ein Prozess sein, den man als *Individuation* bezeichnet, d.h. der Patient wird zu dem, was er eigentlich ist. Er wird sogar, schlimmstenfalls, seine Neurose mit in Kauf nehmen, weil er den Sinn seiner Krankheit verstanden hat. Mehr als ein Kranker hat mir gestanden, dass er gelernt habe, seinen neurotischen Symptomen dankbar zu sein, denn sie hätten ihm stets wie ein Barometer gezeigt, wann und wo er von seinem individuellen Weg abgewichen sei, oder wann und wo er wichtige Dinge unbewusst gelassen habe. **GW 16, § 11**

Wenn man nicht geneigt ist, die Peripetien der Weltgeschichte an dem Maßstab von recht und unrecht, wahr und falsch, gut und böse zu messen, sondern in jedem Vorwärts auch das Rückwärts, in jedem Guten auch das Böse und in jeder Wahrheit auch den Irrtum erkennen will, dann könnte man diese gegenwärtige Regression mit dem scheinbaren Rückschritt, der von der Scholastik in die Mystik der Naturphilosophen und damit in den Materialismus führte, vergleichen. Wie Letzterer endlich zur empirischen Wissenschaft und damit zu einem neuen Verständnis der Seele führte, so zwingt einerseits gerade die Totalitätspsychose mit ihren furchtbaren Folgen und andererseits die unerträgliche Beschwerung der menschlichen Beziehungen die Aufmerksamkeit zur Seele des Menschen und ihrer unheimlichen Unbewusstheit zurück. Noch nie hat die Menschheit im Ganzen das Numen des psychologischen Faktors in derart großartigem Maßstab erfahren. Das ist zwar eine Katastrophe und ein Rückschritt sondergleichen, aber es ist nicht unmöglich, dass eine solche Erkenntnis etwas in sich hätte, das eines positiven Aspektes nicht entbehrt und leicht zu einem Keim der höheren Kultur eines erneuerten Zeitalters werden könnte. **GW 16, § 442**

Wir beginnen die Natur des Konflikts als ein moralisches und geistiges Problem zu erkennen und bemühen uns, irgendeine Lösung dafür zu finden. Wir werden uns langsam der Tatsache bewusst, dass atomare Rüstung eine verzweifelte und unerwünschte Lösung darstellt, weil sie ein zweischneidiges Schwert ist. Wir begreifen, dass moralische und geistige Mittel schon insofern wirksamer sein würden, als sie uns gegen die immer mehr um sich greifende Infektion psychisch immunisieren könnten. Aber alle diese Bemühungen erweisen sich als höchst unwirksam und werden es auch so lange bleiben, als wir uns und die Welt zu überzeugen versuchen, dass sie, unsere Gegenspieler, moralisch und philosophisch völlig im Unrecht sind. Wir erwarten, dass *sie* sich erkennen und ihre Irrtümer einsehen sollen, statt dass wir selbst uns ernsthaft darum bemühen, unseren Schatten und seine dunklen Machenschaften zu erkennen. Könnten wir unseren Schatten sehen, so wären wir gegen jegliche moralische und geistige Infektion und Unterwanderung immunisiert. Aber solange dies nicht der Fall ist, sind wir jeder Ansteckung ausgesetzt, denn wir tun ja praktisch das Gleiche wie *sie*, nur mit dem zusätzlichen Nachteil, dass wir weder sehen noch sehen wollen, was wir unter dem Deckmantel unserer guten Manieren eigentlich treiben. **GW 18/I, § 562**

Das allgemeine Problem des Übels und der Sünde ist ein [...] Aspekt unserer unpersönlichen Beziehungen zur Welt. Dieses Problem erzeugt daher kollektive Kompensationen wie fast kein anderes. **GW 7, § 285**

Die Technik ist nicht gefährlicher als irgendeine andere Richtung der menschlichen Bewusstseinsentwicklung. Die Bedenklichkeit liegt nicht in der Technik, sondern in den Möglichkeiten, welche der Entdeckung harren. Zweifellos wird eine neue Entdeckung nie nur zum Guten, sondern mit Sicherheit auch zum Bösen verwendet werden. Der Mensch steht deshalb immer in Gefahr, dasjenige zu entdecken, was bei bösem Gebrauch ihn selbst zerstören wird. Wir sind dieser Gefahr mit der Atombombe zum Beispiel schon sehr nahegekommen. Bei solch lebensbedrohenden Entwicklungen stellt sich die Frage, ob der Mensch genügend mit Vernunft ausgerüstet ist, um eventuell der Versuchung widerstehen zu können, solche Möglichkeiten zu destruktiven Zwecken zu gebrauchen, oder ob seine Konstitution es erträgt, solche Katastrophen über sich ergehen zu lassen. Das ist eine Frage, die sich außerhalb der Erfahrung nicht entscheiden lässt.

GW 18/II, § 1407

Man kann das, was heutzutage in den Konzentrationslagern der diktatorischen Staaten geschehen ist und noch geschieht, nicht leicht als einen „akzidentellen Mangel an Vollkommenheit" bezeichnen; es klänge wie ein Hohn. GW 9/II, § 96

Die Technik an und für sich als legitime menschliche Betätigung ist weder gut noch böse, weder gefährlich noch ungefährlich. Ob sie zum Guten oder zum Bösen verwendet wird, hängt ganz von der menschlichen Einstellung ab, die ihrerseits von der Technik unabhängig ist. GW 18/I, § 1406

Die Menschen haben das Gefühl, dass es einen großen Unterschied macht oder machen würde, wenn sie nur einen festen Glauben an eine sinnvolle Lebensweise oder an Gott und die Unsterblichkeit hätten. Das Gespenst des Todes, das drohend vor ihnen auftaucht, ist oft eine starke Triebfeder bei solchen Gedanken. Seit undenklichen Zeiten haben die Menschen sich Vorstellungen von einem oder mehreren höchsten Wesen und einem Jenseits gemacht. Nur die moderne Zeit glaubt, ohne sie auskommen zu können. Weil man den Himmel mit Gottes Thron nicht mithilfe von Teleskop oder Radar hat feststellen können und nicht (mit Sicherheit) nachgewiesen hat, dass die lieben Eltern noch mit einem mehr oder weniger sichtbaren Körper umherwandeln, nimmt man an, dass solche Vorstellungen nicht „wahr" seien. Als Vorstellungen sind sie sogar nicht „wahr" genug, denn sie haben das menschliche Leben seit prähistorischen Zeiten begleitet und sind auch jetzt noch bereit, beim geringsten Anlass in das Bewusstsein durchzubrechen. **GW 18/I, § 565**

Es ist ein vitales, aber auch gefährliches und ethisch heikelstes Problem der modernen Zivilisation, die nicht mehr weiß und versteht, warum das Leben des Menschen in höherem Sinne ein Opfer sein sollte. Der Mensch kann erstaunliche Dinge auf sich nehmen, wenn sie einen Sinn für ihn haben. Aber die Schwierigkeit ist, diesen Sinn zu erschaffen. Es muss natürlicherweise eine Überzeugung sein, wobei es sich jedoch zeigt, dass die überzeugendsten Dinge, die der Mensch erfinden kann, alle über einen Leisten geschlagen und zu billig sind, um ihm auch gegen seine persönlichen Wünsche und Ängste wirksam beizustehen. **GW 11, § 133**

Ich maße mir nicht an, die tatsächliche Weltsituation erklären zu können, aber es muss jedem Unvoreingenommenen deutlich sein, dass die Mächte des Bösen gefährlich nahe daran sind, die Mächte des Guten zu besiegen. **GW 18/II, § 1593**

Literaturverzeichnis

Jung, C. G.: Gesammelte Werke (GW). 20 Bde. Hg. von Lilly Jung-Merker / Elisabeth Rüf / Leonie Zander et al. Sonderausgabe. Edition C. G. Jung im Patmos Verlag, Ostfildern 2011 ff.

Daraus besonders:

Antwort auf Hiob (1952). In: GW 11, §§ 553–758.

Brief an Pasteur William Lachat (1954). In: GW 18/II, §§ 1532–1557.

Christus, ein Symbol des Selbst (1951). In: GW 9/II, §§ 68–126.

Das Gewissen in psychologischer Sicht (1958). In: GW 10, §§ 825–857.

Das Typenproblem in der antiken und mittelalterlichen Geistesgeschichte (1921). In: GW 6, §§ 8–100.

Das Typenproblem in der Dichtkunst (1921). In: GW 6, §§ 275–460.

Definitionen (1921). In: GW 6, §§ 672–844.

Die Beziehungen zwischen dem Ich und dem Unbewussten (1928). In: GW 7, §§ 202–406.

Die Psychologie der Übertragung. In: GW 16, §§ 353–539.

Die Wirkung der Technik auf das seelisch-geistige Leben (1949). In: GW 18/II, §§ 1403–1407.

Einleitung in die religionspsychologische Problematik der Alchemie. In: GW 12, §§ 1–43.

Gut und Böse in der analytischen Psychologie (1959). In: GW 10, §§ 858–886.

Jung und der religiöse Glaube (1956/1957). In: GW 18/II, §§ 1584–1690.

Psychologie und Religion (1940). In: GW 11, §§ 1–168.

Symbole und Traumdeutung (1961). In: GW 18/I, §§ 416–607.

Über die Archetypen des kollektiven Unbewussten (1935). In: GW 9/I, §§ 1–86.

Über die Psychologie des Unbewussten (1943). In: GW 7, §§ 1–201.

Über Schillers Ideen zum Typenproblem (1921). In: GW 6, §§ 101–222.

Versuch einer psychologischen Deutung des Trinitätsdogmas (1942). In: GW 11, §§ 169–295.

Jung, C. G.: Briefe. 3 Bände. Hg. von Aniela Jaffé in Zusammenarbeit mit Gerhard Adler. Sonderausgabe. Edition C. G. Jung im Patmos Verlag, Ostfildern 2012.

Jung, C. G.: Erinnerungen, Träume, Gedanken. Aufgezeichnet und herausgegeben von Aniela Jaffé. Korrigierte Sonderausgabe. 22. Aufl. Edition C. G. Jung im Patmos Verlag, Ostfildern 2022.

Jung, C. G.: Kinderträume. Hg. von Lorenz Jung und Maria Meyer-Grass. Walter, Olten/Freiburg im Breisgau 1987.

Jung, C. G.: Traumanalyse. Nach Aufzeichnungen des Seminars 1928–1930. Hg. von William McGuire. Aus dem Englischen übersetzt von Brigitte Stein. Walter, Olten 1990.